忙しくても続けられる

キヨミさんの庭づくりの小さなアイデア

長澤浄美 著

農文協

目次

忙しくても続けられる！ 庭づくりの小さなアイデア

日陰だったり狭かったり、理想的な環境ではなくても
草花がいきいきと咲くロマンチックな庭はつくれます。
忙しい日々だからローメンテナンスを追求して
ちょっとしたアイデアを積み重ねませんか。
園芸知識というより、植物を育てる楽しさを味わい
ラクラクお得で庭がきれいになるアイデアです。

オーナメントを生かしてロマンチックに

（→P8・P20）

噴水などの視線をひきつけるオーナメントを生かし、背後のトレリスにクレマチス数品種を添わせてロマンチックな見せ場に。

育ててびっくり！

（→P93）

リーフプランツのロータス（右）にもかわいい花が咲きます。まわりの植物に草丈をそろえるオルレア（下）。育ててはじめて知る意外な展開。

日陰だからできるハーモニー

(→P44)

オルレアの白花が映える薄暗い日陰。星のように咲くカンパニュラと宿根バーベナやミヤコワスレとの同系色コーディネートが浮かび上がります。

手間いらずの直まき花壇

(→P74)

秋にスプリンググラジオラスの球根を植え、シレネなどのタネを直まきしただけで春は花盛りになります。

お得なこぼれダネ

(→P72)

苞が赤く色づくサマーポインセチアはこぼれダネで毎年生えます。

花と一緒に野菜育て

(→P32)

夏は野菜栽培にも挑戦！ 愛犬モカも大好物のミニトマトは鉢でも育てやすくておすすめです。

みなさんもご一緒に！
庭遊びをいたしましょう

家事に仕事に忙しい日々の中で、家を一歩出るだけで楽しめるのがガーデニングのよいところだと思いませんか？　庭先やベランダで花を咲かせて眺め、野菜を育てて味わう。植物のある暮らしはお疲れぎみの心身を癒やしてくれます。

庭が日陰だったり狭かったりしても、日陰だから楽しめる植物があり、狭い場所を生かすタネまき法など、ちょっとした工夫やアイデアの積み重ねで庭を充実させることができます。この本で紹介するアイデアは、園芸の常識からはみでる部分も多い自己流のスタイルですが、これまでの園芸書にはなかった働く主婦の発想で〝庭遊び〟を提案しています。

毎朝わずかな時間と週末だけのガーデニング。進まない作業や生い茂る雑草とりに追われることもありますが、ローメンテナンス&ローコストで、働きながらできる庭づくりを目指しましょう。中高年の女性には厳しい作業でも土づくりをしっかりすれば、植物が元気に育って手間がかからなくなります。農薬を使わないガーデニングは、ペットのためにも大事です。

多年草を中心にした花壇や寄せ植えに、年2回少しだけ一年草で季節のアクセントを添えます。多年草は株分けや挿し木で殖やし、一年草はこぼれダネを生かしたり直まきしたり、ローコストで持続可能です。そうしてまいたたった一粒のタネが発芽して、元気に育ち、花を咲かせる至福のときを、みなさんもご一緒に味わいませんか。

1 章 春

育てやすい花から始めてみる

たくさんの花が次々に開花する春。誰もが知っているパンジーのような一年草は、丈夫でよく咲いてくれます。ガーデニング初心者にも育てやすい花から始めて、成功体験を重ねましょう。植えっぱなしOK！　の多年草をカバープランツにすれば、庭の雰囲気は一段とナチュラルになります。芽出し球根で手軽に花飾りを楽しんだり、バラやクレマチスを立体的に咲かせるのもステキです。土づくりをしっかりやることで植物が元気に育ち、バラも無農薬で楽しめます。

[凡例]本書で取り上げている植物は著者が実際に育てたものです。
植物名(例:シレネ)に続いて品種名('ピンククラウド')や種小名(・ブルガリス)を表記した特定の種類、流通名(八ヶ岳パンジーなど)の植物も含みます。園芸店やホームセンターで入手できない植物は、インターネットにて検索してみてください。

アヒル型コンテナに植えたビオラは「アフロヘアーみたい」とブログで評判に。花を魅力的に見せるコンテナで庭にアイドル誕生です。

idea 1

パンジー＆ビオラ

見慣れた花も“あなた流”に楽しめる

丈夫で、秋から春まで咲き続けるパンジーやビオラ。
見慣れた花も、お気に入りのコンテナに植えたり
オーナメントを飾って自分流に楽しんでみませんか。
毎年登場する新色や人気のブランド苗にも
注目すれば、ガーデニングがグッとおしゃれに！
初夏まで咲かせる裏ワザにも挑戦してみましょう。

コンテナやオーナメントで花と遊んでみよう

ウサギの耳を思わせる花形のビオラ ラビットランド（上）や、グラデーションのきれいなビオラ シャングリラビーコン（下）。お気に入りのコンテナには、毎年植える品種もこだわると楽しみが膨らみます。

オーナメントは庭だけでなく園芸心も盛り上げます。庭で咲いたビオラ シャングリラローズ を少女の像に飾って、気分はすっかりメルヘンチック！

idea 2

初夏まで咲かせる裏ワザに挑戦しよう

以前は春の花だったパンジー&ビオラが、いまや秋から春まで楽しめます。5月初めにはさすがに間伸びしてくるコンテナ栽培のパンジーを花壇に移すと、6月末まで咲き続けるから驚きです。

花壇に移植したパンジー'絵になるスミレ マリーヌ'は、5月下旬から咲きだすクレマチスと競演（詳しくはP11をご覧ください）。

花苗選びも新色やブランド苗に注目！

[写真左上]蛍光色が特徴のパンジー'虹色スミレ'シリーズは庭を明るくします。価格の少し高いブランド苗は育てて違いを確認。
[写真左]ビオラ シャングリラ ローズ は微妙な色幅があってきれいです。苗の流通があまりない品種は、インターネットでタネを入手して育てます。

八ヶ岳パンジーはパンジーのイメージを変えるシックな花色。見慣れた花もそれぞれの顔をよく見て選べば、庭にインパクトのある花飾りができます。

パンジー&ビオラ よく咲く一年草から始めませんか

値段も違う！一年草と多年草とは

パンジー&ビオラは冬の寒さに強く、秋から春まで長くたくさん咲いてくれるのが人気の理由。どこにでもある見慣れた花には、愛されるわけがちゃんとあります。

ただし、パンジー&ビオラも夏の暑さは苦手なので、しだいに花数が減って終わりを迎えます。このようにタネから発芽して1年以内に枯死する植物を一年草、寒さで地上部が枯れても数年間生き続ける植物を宿根草または多年草と呼びます。

多年草は植えたままで毎年咲いてくれる楽しみがあり、一年草は多年草より花つきがよく、開花期も長くて苗の値段は安い！ ストックやキンギョソウ、ペチュニアやジニアなども育てやすい一年草です。まずはよく咲く一年草を、視線をひきつけるコンテナで育ててみませんか。

長く咲くから牛ふん堆肥や緩効性化成肥料を忘れずに

花苗は葉が元気でコンパクトに詰まった株を選びましょう。花壇には完熟牛ふん堆肥などを施してから植え、コンテナには良質の培養土で植えます。私は水はけがよく根腐れしにくい粒状培養土を使っています。パンジー&ビオラは長く咲くので、コンテナにも牛ふん堆肥か元肥として緩効性化成肥料などを忘れずに。

コンテナへ苗の植え方

1 パンジー&ビオラは大株に育つので大きめの鉢に。水切りネットを底穴に敷き、深鉢なら発泡スチロールや軽石を1/3ほど入れ、元肥入り培養土を加えます。

2 ポット苗の根がみっしりまわっていたら、根鉢の底に十字の切れ込みを入れて、底を広げてから植えます。こうすることで根がさらに広がります。

3 苗の株元が鉢の縁から3cmほど下にそろうように培養土を足します。苗の土表面が隠れるほどに培養土を足すと、株が安定します。

4 鉢底から水が流れ出るまでたっぷり水を与えます。鉢の縁から苗の株元までウオータースペースを確保すると、水やりのとき用土がこぼれません。

5 直径30cmほどの鉢にパンジー4株とグレコマ1株を11月に植えつけ。4月には鉢からあふれるほどのボリュームに育ちます。

秋〜春に咲き続けた苗を初夏まで咲かせる植え替え

コンテナで長く咲き続けたパンジー&ビオラも、私の住む東京郊外・八王子で5月には株が間伸び（徒長）して花が減ってきます。とはいえ、これで捨てるのは忍びない！

コンテナから株を抜き、傷んだ茎葉を取り除いて、牛ふん堆肥を入れた花壇に植え替えます。このとき乱れた株を整えるくらい2〜3cm深めに植えるのがポイント。たっぷり水やりして育てると、梅雨入りごろまで咲き続け地植えの力を実感します。

一年草を長く咲かせる日ごろの手入れと目配り

長くよく咲く一年草を植えても、あっという間に花が終わってしまうという方はいませんか？　毎日ちょっとした手入れと目配りをすれば、花は思いのほか応えてくれます。

一年草は1年のうちに子孫を確実に残そうとします。だから最初はいっぱい咲いても、タネを結びはじめると、栄養をタネに集めるため次の花が咲きにくくなるもの。タネまき用のタネを採取したら（71ページ参照）、咲き終わった花がらは早めに摘みましょう。

花がらを摘むために植物をまめに見ていると、蒸れた下葉が黄変したり害虫のふんが落ちているのに気がつきます。傷んだ葉は病気になる前に切り取り、被害が広がる前に害虫をつかまえれば、花はゴキゲンです。また、コンテナ栽培では用土の表面が乾いたらたっぷり水やりして、乾湿のメリハリを心がけます。

花から摘み

写真のように花弁がくしゃっと丸まってきたら花がら摘みのタイミング。摘むときは花茎の途中で切らずに根元で折ると、きれいに簡単に切り離せます。

下葉の黄変

株が育って風通しが悪くなると、蒸れた下葉が黄変します。そのままにしておくと見栄えが悪いだけでなく、病気になりやすいので早めに切除。

水やり

花や葉は雨で傷むこともあるので、水は株の上からではなく株元に与えます。底穴から水が抜けるまでたっぷり与え、鉢内の空気を入れ替えます。

idea 3 ラクチン庭には土づくりが大事

傾斜地を整地したわが家の庭は、掘ると大小の石が出てくる状態でした。ホームセンターで買った腐葉土や培養土を入れ、一生懸命土づくりしながらのガーデニング。土がよくなると、たいした世話をしなくても植物はよく育ち、病害虫の被害も減ります。いまは農家から買う牛ふん堆肥を植え替えやタネまき時にまくだけで、無農薬のラクチン有機栽培です。

idea 4

植えっぱなしの多年草で庭の縁取り

ベロニカ'オックスフォードブルー'

鮮やかなブルーの花がとってもきれいな多年草ベロニカ'オックスフォードブルー'。同系色のムスカリやブルンネラ'ハドスペンクリーム'に対して、白のビオラがアクセントをつけます。

毎年咲いてくれる多年草をベースにして
一年草で四季折々の変化を出す庭を目指しませんか。
多年草を群植して花壇や小道を縁取ると、
メリハリがついて思いがけないほど印象的なシーンに。

こちらもツツジの植え込みで日陰ぎみのため、しっとりした風情の多年草ミヤコワスレで縁取り。株は茎挿しで殖やせます（P79参照）。小道には明るい色の細かなバークチップを敷いています。

ライムやブロンズなど、魅力的な葉色の多年草ヒューケラ。暗くなりがちなツツジの株元を飾っています。左側は直まきした一年草シレネなど。クルミの殻は泥はね防止とオシャレ度UP。

idea 5

多年草 ＋ 一年草で季節の彩り

ベロニカ'オックスフォードブルー'は春に濃いブルーの花を咲かせ、夏は緑のグラウンドカバーになり、冬は渋い銅葉になって……。出合って、育ててよかった！　と思う多年草です。一年草も加えると、短い小道でも四季がいっそう豊かに感じられます。

春／ベロニカ'オックスフォードブルー'に白いスノーフレークなどをあわせて、爽やかな小道。
晩夏／こぼれダネで殖えたサマーポインセチアがベロニカを覆いつくし、斑入りヤブランなどと競演。
秋／夏に植えた茎挿しのコリウスが大きく育ち、ベロニカやサマーポインセチアの緑と引き立つ。
冬／斑入りヤブランの葉も元気のない1月初め。ベロニカの銅葉と白いビオラが際立ちます。

ベロニカ'オックスフォードブルー' カバープランツはナチュラルな隠し味

多年草をベースに一年草がアクセントの庭

植えっぱなしで数年は咲いてくれる多年草。寒さや暑さで地上部が枯れても根だけで休眠して、翌年また芽が出るタイプは宿根草とも呼ばれます。いつの間にか消えてしまうものもあれば、「殖えすぎて困った」「こんなはずじゃなかった」と嘆く品種もありますね。それでも、忘れたころに咲きだして喜ばせてくれるのが多年草の魅力です。

パンジー&ビオラのような一年草は長くよく咲いてくれるけど、そればかりでは賑やかすぎて落ち着きません。花のない時期も葉色や株姿のきれいな多年草をベースにして、一年草をアクセントに加えるくらいがよいのではないでしょうか。苗を買う出費や植え替える手間を考えても、庭づくりしているうちに、落ち着くバランスがあるようです。

idea 6

カバープランツの便利な使い方

多年草にはシャクヤクのようなスター級から、地味な脇役までそろっています。なかでも私のお気に入りは草丈低く、地面を覆うように広がるカバープランツです。ベロニカ'オックスフォードブルー'などを使うと、庭にナチュラルな趣が出るだけでなく、夏に地表温度が上昇するのを防ぎ、雑草も生えにくくなります。地味な多年草が果たす役割は意外に大きいのです。

白い小花がピンクを帯びてグラデーションになるエリゲロン。ドーム状の草姿で、四季咲き性が強いから春～秋に何度も咲きます。

10年ほど前に1株のポット苗を植えたカンパニュラ'アルペンブルー'。株分けを繰り返して、日陰のレンガ通路まで広がりました。

横にランナーを出して株を殖やすアジュガに、上に伸びるコリウスなどの組み合わせ。色や姿の違う葉っぱだけでも魅力的にカバー。

ベロニカ'オックスフォードブルー'は花のない時期も葉っぱがきれい。冬はブロンズに染まっても一年中カバープランツとして活躍。

多年草をきれいに保つ メンテナンスを忘れずに

植えっぱなしで毎年咲いてくれる多年草は、手間なしガーデニングの心強い味方！　でも、まったくお手入れしなければ、しだいに花が減ったり株の勢いが衰えるものです。ちょっとしたメンテナンスでさらによく咲かせたり、あちこちに殖やしたりしませんか。手をかけただけの見返りがあるのでクセになります。

株分け

分けた株の根鉢をくずすと、敷石の間などの狭いスペースにも植えやすくなります。

ベロニカ‘オックスフォードブルー’は密生して大株になるので、何年も植えたままだと蒸れやすい。株を掘り上げて大きく分けます。

古茎の刈り込み

植えたまま咲きだした春先のベロニカ‘オックスフォードブルー’。花の咲かない株の先端はハサミで大胆に刈り込みましょう。

開花前の冬のうちに刈り込むと、すっきりした姿で春を迎えられますが、どこを切ってよいか分からない方は開花時期がおすすめ。

刈り込んで1週間もたつと、もう新しい茎葉が伸びだしてこんもりしてきます。植物の再生力のすごさも実感できますよ。

株の移植

アジュガは地表にランナーを伸ばして子株を殖やしていきます。まだ根張りの浅い子株はスプーンなどで簡単に掘り上げられます。

掘り上げた子株からランナーが伸びているのが分かりますか？　これを切り離して好きな場所に移植できます。

根鉢がないので、狭いすき間にもぴったり。コンテナの縁に植えると、ランナーが子株を垂れ下げるのもおもしろいです。

idea 7

ヒヤシンス

芽出し球根で手軽に室内飾りを

甘い香りと光沢のある花びらが魅力のヒヤシンス。球根を植え忘れてしまっても、近年はプロが育てた“芽出し球根”という便利な苗が一足早く店先に。新春や早春に室内で楽しみ、翌年は庭で咲かせます。

早くも年末に売られていたヒヤシンスの芽出し球根。暖かい室内に置くと、あっという間に蕾がほころんで、甘い香りが漂います。赤いコンテナに植え替えてお正月飾りに。

植えっぱなしで早春の庭に咲くクロッカスとスノードロップ。芽が出たばかりの球根を小鉢に移植して室内へお迎えすると、10日ほどの短い開花期を満喫できる自家製芽出し球根です。

重箱のように見える容器はガラス製で底穴がありません。下部に発泡スチロールを入れて植えつければ、こうした暮らしの器でも根腐れの心配なく栽培可能。

ヒヤシンスは用土がなくても球根の養分で咲きます。浅い器にバークチップを敷いて球根を置き、水だけで栽培したら、花茎がほとんど伸びないままコンパクトに開花。

idea 8

2年目からは花壇で咲かそう！

ビオラやプリムラ‘ウインティー’などが、白いヒヤシンスと引き立てあい、常緑樹の木陰が明るくなります。

ベロニカ‘オックスフォードブルー’の咲く小道（P12参照）で、一足早く満開になっているのは、前年に室内飾りを楽しんだヒヤシンスです。キンモクセイの株元なので、日の当たりにくい側の花つきが悪いけれど、庭ではこのくらいの咲き方でよいかな？ と思いますが、いかがでしょう。こんなふうに室内で楽しんだ芽出し球根も庭に移植することで、翌年から違う趣で咲かせることができます。

ヒヤシンス　球根の育てやすさ、芽出し球根の便利さ

植えっぱなしOK！の コスパに注目しよう

タネから育てるのに比べて、生育のための養分を蓄えた球根は、小さめの種類でも無事に育つ安心感がありますね。カラカラに乾いたアネモネの球根は急激に吸水させると腐りやすいとか、チューリップは水切れに弱いなど、条件がつくものもあるけれど、たいがいの栽培は簡単です。

また、園芸品種のチューリップは翌年咲きにくいものの、原種系なら球根は小ぶりなのに植えっぱなしで数年咲いてくれます。こういうコストパフォーマンスにすぐれた〝植えっぱなしOK！球根〟が主婦としては見逃せません。クロッカスやムスカリ、地植えで越冬できるアマリリスやスプリンググラジオラスなど、おすすめの球根植物は60～61ページのカタログをご覧ください。

球根はアネモネのように小さなものからユリのように大きなもの、アルストロメリアのようにサツマイモ状など、形もいろいろ。植えるとき天地を間違えないようにしましょう。

秋植え球根は種類豊富 寒さの前に根を張らせよう

球根は原産地の気候によって、暑い夏に休眠するものと寒い冬に休眠するものがあります。夏に休眠するスイセンやチューリップなどは秋植え球根、冬に地上部が枯れるダリアなどが春植え球根です。

園芸店には秋植え球根が種類も数も圧倒的に多く出回るので、秋は球根選びにワクワクします。傷がなくカビが生えてない球根を入手するには早めに園芸店へ！　本格的な寒さの前に根をしっかり張らせるのがおすすめですが、私の住む東京郊外・八王子では年末まで植えつけ可能。球根を買い忘れたら、年末～早春に出回る芽出し球根が手軽で便利です。

アネモネやラナンキュラスの植えつけ準備

1 市販されるアネモネやラナンキュラスの球根はカラカラに乾燥しています。急に水分を含むと腐りやすいので、ゆっくり吸水させるのがコツです。

2 ピートモスや清潔な培養土をあらかじめよく湿らせておき、そこに球根を埋めます。徐々に吸水させて、10日ほどしたら植えつけます。

3 取り出してみると、もう芽も根もはっきり分かります。芽が隠れるくらいの深さに、天地を間違えないように植えましょう。

4 小さな球根なのに、1球から何本もの花茎が伸びて開花します。花が終わったら花茎を根元で切ると、次々に蕾が上がってきます。

お正月を飾る芽出し球根 2年目は花壇で楽しみたい

ヒヤシンスは水耕栽培など、いろいろなスタイルで楽しめます。なかでも年末から出回りはじめる芽出し球根を室内に飾ると、お正月に甘い香りが楽しめるのでおすすめです。年末は暖房のない玄関などに飾っておくと、花が長もちします。

1月中旬に花が終わったら、花茎を根元から切り取り、戸外の寒さに慣らしながら軒下などで管理。私は荒っぽくそのまま花壇の隅へ移植してしまいます（写真左）。

このとき葉はそのままつけて植え替えるのがポイントです。葉で行われる光合成によってできた養分が球根に蓄えられ、翌年の花を咲かせます。球根のてっぺんを地上に出すか埋めるかについては、どちらも大きな違いはないように思います。

そのうち葉は枯れてしまいますが、球根は植えっぱなしで夏〜冬を過ごし、翌春にまた花が咲きだします。花姿は1年目より多少貧弱になっても、伸び伸びと元気に咲くヒヤシンス。近くを歩くとあの甘い香りがかすかにします。球根よりちょっと値段の張る芽出し球根でも、このように楽しめばお得感があってシアワセな気分になります。

お正月飾りに使ったヒヤシンスは葉をそのまま残して庭に移植し、光合成による養分を球根に蓄えます。地上部が枯れる前にプランツプレートを立てましょう。

芽出し球根の正月デコレーション

クリスマス前に買ってきたヒヤシンスの芽出し球根。ちょっとだけ工夫してお正月飾りに仕立てます。とはいうものの、「家にあるもので簡単に」がキヨミ流です! P16でご紹介した室内飾りには、お祝い事の頂き物にかけてあった赤いひもを再利用。あっという間に終わってしまうお正月なので、身近なもので簡単にデコレーションしましょう。

1 園芸店で購入した芽出し球根。さすがプロの生産者は大きな球根を3つも小さなポットに植えつけ、花色の分かる状態で出荷されます。

2 以前買った苗の赤い飾り鉢に植え替えると、それだけでぐっとお正月バージョンに。室内に飾るには用土の表面をカバーしたいものです。

3 長さの異なる2種類の松葉を庭で採取して、球根のまわりにぐるっと配置します。花店でお飾り用に売られているマツの切り枝でもOK。

4 捨てられずにとってあった水引を添えて和菓子の包装紙を敷くと、さらにお正月らしくなります。年末は涼しい場所で待機させて。

ピンクのバラ'フランソワ・ジュランビル'と白の'つるアイスバーグ'。地表は日陰でも明るい壁面高くに誘引したら、シュートを伸ばしてダイナミックに咲きました。

idea 9

バラやクレマチス

つる性植物で庭を立体的に飾りたい

高さ1mほどの石積み壁に、ネジクギを打ち込んでバラ'きよみ'をテグスで誘引。何本もの茎が日差しを求めて壁の上まで伸び上がり、ボリュームある房咲きに。

草花だけの庭は平面的な印象になりがち。
樹木を植えるスペースも限られます。
そこで重宝するのがクレマチスのような
つる性植物やつるバラなどです。
家の外壁や庭のフェンス、トレリスや支柱などに
誘引すれば、立体的な花飾りができます。
気むずかしそうなバラも気軽な有機栽培で。

スチール製トレリスにクレマチス‘白万重’、‘ブラックティー’など数種を誘引すると華やかなスクリーンに。

idea 10

テグスを使って手軽に目立たない誘引

つる性植物の誘引には一般的なビニタイより魚釣りの糸テグスを使うと、扱いやすくて目立ちません。折れやすいクレマチスのつるにも適度な強さ。

上へ上へと伸びるクレマチスを横に倒し、テグスで留めましょう。5月中～下旬に咲きだす品種も3月下旬から剪定と誘引をします。

お気に入りのクレマチス

淡いブルーが涼しげな‘プリンス・チャールズ’は、今年伸びた新梢に花が咲くので、冬は片づきます。

ピンクの‘ジョセフィーヌ’に白の‘白万重’。どちらもボリュームある花が長く楽しめる完全万重咲き。

花弁中心に紅紫のラインが入る‘ブラックティー’に、‘白万重’や‘プリンセス・ダイアナ’が映えます。

ベル状の花形も色も大好きな‘プリンセス・ダイアナ’。花弁が厚いから梅雨時でも花が傷みません。

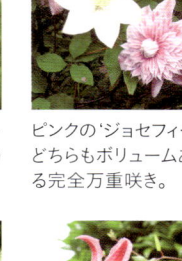

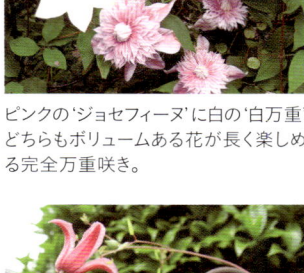

バラやクレマチス 気むずかしい、奥が深い植物とのつきあい方

気むずかしく見える植物は自分の庭で育つ品種から

5月はバラとクレマチスが咲きだして、庭は一年でいちばん華やぎます。わが家もオープンガーデンで迎えたゲストから、「バラは消毒が大変ではないですか？」とか、「クレマチスは品種による剪定の違いが面倒では？」と、お尋ねがあります。

11ページでも触れたように、わが家の庭は土づくりを重視して、化学肥料や農薬をいっさい使わない有機栽培です。そのためバラはもちろんクレマチスも病虫害にあいますが、まったく咲かないとか全滅したという深刻な被害にはなりません。数年間育てるうちに消えたり調子の悪い品種は諦めて、日当たりや水はけなどを改良し、自分の庭でゴキゲンに咲いてくれる品種を探しましょう。

クレマチスには前年伸びた枝に花芽ができる旧枝咲き、今年の枝に花芽ができる新枝咲き、新旧両枝咲きの3タイプがあります。四季咲き性の強い新枝咲きや新旧両枝咲きをおすすめしますが、育てるうちに使い勝手が分かってきます。

テグスを使った誘引&スタイルアップ

ジニア'プロフュージョン'の広がった株をまとめて2本の支柱にくくりつけたり（写真上）、クリスマスローズのように下向きに咲く花の顔を撮影用にもちあげたりと大活躍です。

釣り糸のテグスとハサミは私にとって欠かせないガーデニンググッズ。テグスは目立ちにくいので、バラの誘引（左下）も大胆にできます。

idea 11 植物の維持管理を考える

味気ないアルミフェンスに植えた1本の黄モッコウバラ。10mも伸びて毎春みごとに咲いてくれます。でも、蕾から楽しめるのはせいぜい10日くらい。その間に落ちる半端ではない量の花がらを掃くのが朝の日課で、勢いよく伸びる枝は一年に何回も脚立に乗って切ります。植えた植物が大きくなったときに維持管理できるか、植えつけ前によく考えることも大切!

道路へ伸び放題になるシュート。花がらや葉が自宅の敷地内に落ちる場所に植えればよかった、とつくづく思います。

まるで花のスクリーンのように咲き誇る黄モッコウバラ。トゲのないバラなのでフェンス仕立てにしても安心で、無農薬でも元気に育ちます。

モノクロ写真では分かりにくいですが、左がうどんこ病で、右が虫害の葉です。梅雨時に風通しが悪いと、クレマチスはうどんこ病にかかりやすいので要注意。

植物をまめに観察すれば病害虫は早めに対処できる

農薬を使っても使わなくても、植物育てに病害虫はつきものです。よい土で丈夫に育て、花がらを摘みながらよく観察することで、被害を少なくして早めに対処できます。

花がらを摘むときはハサミを2丁用意して、病害の葉などを切っても伝染させないように使い分けましょう。日中は動きが活発になるバラゾウムシなどの害虫は、早朝にみつけると捕殺しやすいものです。ちょっとした工夫で、農薬を使わなくても大きな被害は防げます。

庭でよく見かける虫たち

ニジュウヤホシテントウ(テントウムシダマシ)
アブラムシを食べてくれる益虫のテントウムシと間違いやすい。葉の一部が透けるようにかじられていたら、潜んでいる可能性大。
(撮影:池田二三高)

オンブバッタ
幼虫は体長1cmもない体で、コリウスの葉を穴だらけにします。シソなどの香りの強い植物を好むそうなので、シソの仲間のコリウスも?
(撮影:池田二三高)

チュウレンジハバチ幼虫
成虫は毒針もなくて無害ながら、幼虫はバラの葉を食害します。また若枝に産卵して傷つけ、病原菌が入ったり株を弱らせるので要注意。
(撮影:西東 力)

クロケシツブチョキリ(バラゾウムシ)
体長5mmでバラの蕾を食い荒らし、葉先や蕾や茎に卵を産みつけるので、卵が孵化して幼虫になる前に葉や蕾ごと取り除きます。
(撮影:池田二三高)

idea 12 牛ふん堆肥の上澄み液

庭の土づくりには牛ふん堆肥を使っています。バラの株まわりには真冬に土と混ぜ、ほかの植物には植えつけやタネまきのときに用土と混ぜます。植物が弱ったり葉が黄色くなって肥料切れのサインが出たとき、液肥のように使いたいと思って考えついたのが牛ふん堆肥の上澄み液です。パンジーやビオラには3〜4月ごろ、肥料好きなものは2週間に1回くらい与えます。病害虫が減って植物が丈夫に育ち、花や実つきがよくなります。

1 バケツなどに牛ふん堆肥をスコップ1杯入れます。牛ふん堆肥は完熟のものを園芸店などで選びましょう。

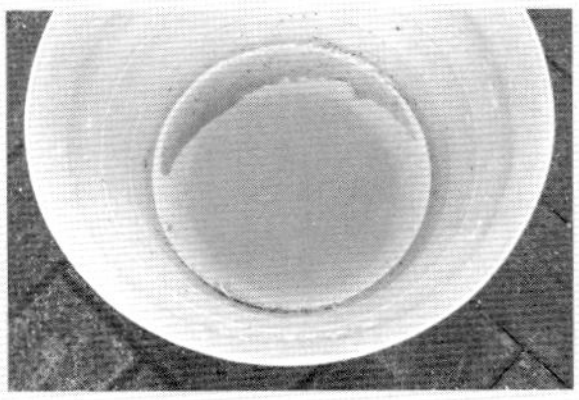

2 水を4リットル(大ペットボトル2本分)を注いで、堆肥が沈殿して上澄みと分離するのを待ちます。

3 上澄み液をジョウロに移し、コンテナや花壇にまきます。残った牛ふん堆肥も花壇などにまいて使えます。

青紫のアジュガの向こうに、プリムラ‘ウインティー’やイングリッシュブルーベルの淡い色の小花がふんわりあふれんばかりに。ピンクとブルーのミヤコワスレもやさしい印象。

ふんわりやさしい
パステルトーンで

idea 13

春の“夢見る”組み合わせ

土の表面が目立って寒々しかった庭で
ある日いきなりフレッシュな緑が動きだします。
あちこちでまず草丈の低い小花が咲きだすので
たっぷりまとめてグループで見せましょう。
小花の上にはふんわり立ち上がる花を咲かせたり
淡い花色をそろえ、冬に夢見た景色を実現させます。

草丈60cmほどに咲くスプリンググラジオラス‘サザンクロス’の花の下に、似たような配色のコリンシアとオンファロディスを。

クレマチス‘白万重’はどんな花ともよくあいます。個性的な‘プリンセス・ダイアナ’とよく引き立てあって。

群れ咲く小花に高さのアクセントを

ピンクのシレネや水色のネモフィラ、その先にはビオラたち。群れ咲く小花の上にすっと伸びでたアークトチスの花がアクセントに。

レースのような白い花が咲くオルレアと競演した深紅のセイヨウオダマキ'ルビーポート'。草丈低い花が多い春の庭で大人な感じです。

寒いうちから次々と長く咲くクリサンセマム'ノースポール'の奥に、オンファロディスがまとまって咲きだしました。

小花たちをグルーピングで見せる

手前のギョリュウバイは花木ですが、春に多い小さい草花と趣が似ています。小さな花々もまとめて植えることで存在感が生まれます。

ちょっとひと手間
手仕事遊び❶

サビ好き鉄子のアイアンクラフト

草丈の高い植物には支柱が必要ですが、なかなか気に入ったものに出合えません。おしゃれでも目立ちすぎない支柱を長いこと探していたら、ホームセンターで建築資材の鉄棒が目に留まりました。鉄の重量感は土に刺しやすく、さびた風合いも庭になじんでお気に入りです。すっかり“サビ好き鉄子”になって、いろいろ試してつくってみたグッズをご紹介します。

太い鉄棒に細い鉄線を絡ませただけの簡単な蚊取り線香フックです。これで庭仕事の最中に、足元の蚊取り線香をうっかり蹴飛ばすこともありません。安全性を考えて、フックの下には水を入れたバケツを置いて。

支柱とはいえ鉄棒そのままでは味気なく、目でも刺したら危ないので、手作り陶器のキャップでおめかししてみました。鉄棒にもペンキを塗ると、これだけでかわいいオーナメントになります。

鉄線クラフト

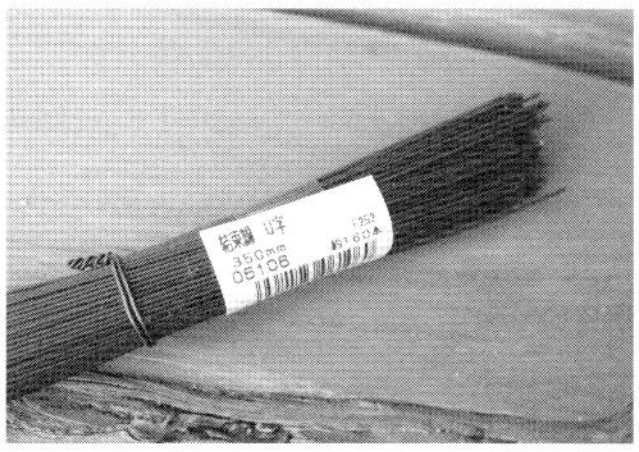

1 鉄棒に続いてみつけたのが、160本の束で160円ほどの鉄線です。実はバラや果樹などのネームプレートも陶器でつくったので、これらをぶら下げるのにぴったり！　麻ヒモよりお手ごろ価格かもしれません。

2 鉄のクラフトも当初はペイントしていましたが、今では庭に吊り下げたりして野ざらしの“サビ待ち”です。自分でも不思議に思うほど、サビを見ると心弾みます。植物とも相性がよいと思いませんか。

3 鉄線の太さならペンチで簡単に切ったりねじったりできます。2本をねじれば強度もバツグン。ねじる強さで、鉄線の表情がいろいろ変わるのも魅力的です。

4 空き缶をリメイクした多肉植物用のコンテナに巻きつけてみたら、とてもいい感じで悦に入っています。空き缶のリメイクについてはP66、多肉植物を植え込んだカラー写真はP109をご覧ください。

鉄棒クラフト

建築資材として売られている鉄棒は短いもので5.5mなど。ホームセンターにはプロ用のカッターが置いてあり、自分で好きな長さに切断して持ち帰れます。太さによってはかなり力仕事ですが、鉄子にもできました！

習い始めた陶器づくりも、忙しいとなかなか教室に通えません。支柱キャップの型だけつくって教室の窯で焼いていただきますが、このごろは家庭のオーブンで焼けるオーブン陶土も多彩な種類があって便利です。

②章 夏

暑さに負けずに楽しむワザ

年々暑さが厳しくなっている夏。花がら摘み不要で長く楽しめるリーフプランツに注目！　です。また、花壇やコンテナで手軽に育てられる野菜はいかがですか？ 花と同居させたり、おしゃれな緑のカーテンも楽しんで、五感が喜ぶガーデニングです。ハーブや果樹も一株、一本あるだけで暮らしがぐっと豊かになります。夏の強い日差しの中で咲き誇る花々もあれば、暗い日陰を明るく彩る花もあります。日陰だからと諦めないで、夏の特等席の魅力も満喫しましょう。

idea 14

リーフプランツ

カラーリーフで夏の庭仕事をラクに

近年の夏の暑さには、植物も人もまいってしまいます。
暑さに強い花でもきれいにキープするのは至難のワザ。
花に見劣りしないカラーリーフを中心にすると
育てやすく、花がら摘み不要でストレスがグッと減ります。

[写真上]赤・紫系2種のコリウスを主役に、ペルシカリア‘シルバードラゴン’や斑入りツルニチニチソウ、ユーフォルビア‘ダイアモンドフロスト’などのリーフ中心。
[写真下右]爽やかなコリウス‘レモン’と‘ピーターグリーン’に、小さな白い苞を散らす‘ダイアモンドフロスト’。
[写真下左]‘バーリー’などの鮮やかなコリウスが視線を集めます。

葉の形が独特のバイオリン形に変化するころ、サマーポインセチアの苞が赤く染まります。ユーフォルビアの仲間です。

コリウスや夏〜秋に苞葉を赤く染めるサマーポインセチアは、リーフプランツの育てやすさや美しさを実感させてくれます。水切れに強く、花がら摘みの必要もなくてローメンテナンス。

idea 15

花より長く楽しめる葉に注目！

花より葉の観賞価値が高い植物を、リーフプランツや葉ものなどと呼びます。その使い勝手のよさを知ると、花のきれいな草花も葉色や斑入り葉などが気になってきます。花の咲く時期より、葉っぱはよほど長い期間目を楽しませてくれるので、庭では花以上に大事な要素かもしれません。

花を楽しむなら日なたに植えるべきハイビスカス'トリカラー'は、赤い斑入り葉を楽しみたくて明るい日陰の花壇に。

大株に育って初夏から秋遅くまで咲き続けるサンパチェンス。なかでも'斑入りホワイト'は花も葉も日陰を明るく彩るので重宝です。

カンナ'ビューイエロー'の葉は存在感たっぷり。花はオレンジ色です。

リーフプランツ　夏の庭仕事はできるだけ手間を省いて

花がら摘み不要で長く楽しめるカラーリーフ

仕事に追われていると、水やりもできない……という日があります。だから、目指すのは〝ローメンテナンス&ローコストのガーデニング〟です。とくに夏は厳しい暑さに、人も植物も無理なく過ごしたい！　この願いをかなえてくれるのがリーフプランツです。

いつも〝花いっぱい〟と思われているキヨミの庭ですが、実はカラーリーフがあちこちでいい仕事をしています。花に負けない存在感があるのに、花がら摘みの必要がなくて水切れにも強い。丈夫で育てやすく病害虫の心配もほとんどないから、ローメンテナンスそのものです。

しかも、暑さに強くて開花期が長いとされる花より、よほど長く初夏から晩秋まで楽しめるものが多くあります。葉っぱの魅力を見直して、あなたも〝さぼれる花壇〟づくりを目指しませんか。

挿し木やこぼれダネでローコストも目指したい

さて、リーフプランツは挿し木やこぼれダネ（詳しくは76・72ページ参照）で殖やせる種類も多く、〝ローコストのガーデニング〟という点でも大助かりです。栄養系のコリウスは挿し木で簡単に殖やせますし、サマーポインセチアはこぼれダネからたくさん生えます。これらを上手に生かして、手間なく安上がりな夏の庭をつくりましょう。

idea 16 コリウスのボリュームアップ

大きな葉を摘み取ると、その下にびっしり生えている小さな葉が日光を浴びて生長し、こんもりした株姿に。

コリウスにはタネから育てる実生系と挿し木で育てる栄養系があります。栄養系は秋まで大きく育ちますが、摘芯（ピンチ）や切り戻しを繰り返して茎数を殖やすと、こんもり形よくボリュームアップできます。

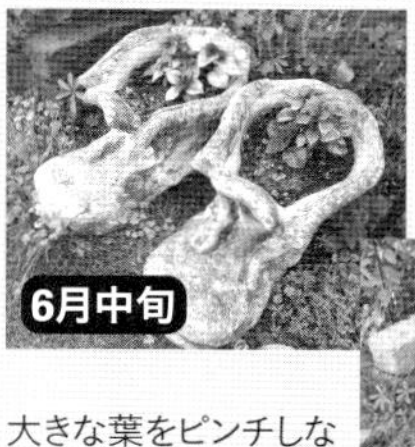

栄養系コリウスで知られる品種'ハニークリスプ'。

大きな葉をピンチしながら育てると、こんもりした大株になります。

こぼれダネリーフ＋使いまわす寄せ植え

1 敷石の間にこぼれダネから生えたサマーポインセチアをフォークなどで掘り上げます。

2 6月中旬、まだバイオリン形ではない細長い丸葉のうちなら、移植はほぼ成功します。

3 掘り上げた幼苗はすぐに吸水させ、根を乾かさないように気をつけて移植します。

ヒューケラ2種と斑入りツルニチニチソウ、ハツユキカズラなどを使いまわす寄せ植えに3苗を移植。60日後にはP29右上の写真に！

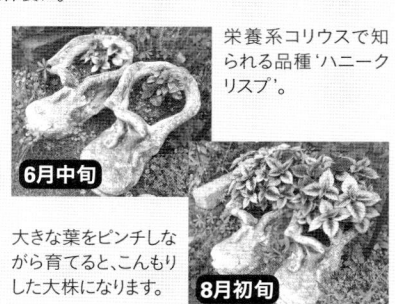

暑さに強い植物を見極め 人も植物も無理をしない

夏は蚊よりも早起きして庭に出ます。それでも乾きの早い鉢植えに水やり、生い茂る雑草と闘っていると、あっという間に朝食の準備をする時刻。植物の生長は早く、病害虫も出やすくて、なかなか庭に手がまわりません。

年ごとに暑さが厳しくなっているように感じて、リーフプランツ以外も暑さに強い植物が気になります。ただ、暑さの中でよく咲くペチュニアやサンパチェンスは水切れしやすく、宿根フロックスはうどんこ病になりやすかったり、一長一短というところでしょうか。茎葉に水分を蓄えて水切れしにくい多肉植物や、その仲間のポーチュラカなどは派手さはなくても、育てやすいものです。

水切れしやすいものは鉢植えでなく地植えにしたり、日差しで葉焼けしやすいものは日陰に移すなどの工夫もします。できるだけ無理をしないで暑い夏をやり過ごし、人も植物も体力を温存。息長くガーデニングを楽しんでまいりましょう。

idea 17 水食い植物の対策

夏以外は数日ごとの水やりが、毎日とか朝晩2回になると負担が大きくなります。「水食い」と呼ばれる水切れしやすい植物は、できるだけ地植えにしましょう。コンテナに植える場合は水切れしにくい工夫をして植えつけます。

1 クッションなどに使用するスポンジを3cm角くらいに切ります。

2 サンパチェンスなど、植物の根鉢のまわりにスポンジを5～6個置いて、用土をかぶせます。

3 スポンジが吸水することで用土の保水効果が高まり、水切れしにくくなります。

idea 18 草取りのアイデアグッズ

ドクダミなどのはびこった根にはてこずりますが、腐葉土などを入れて花壇をフカフカに土づくりしておくと、雑草は比較的簡単に引き抜けます。問題は芝生の中や敷石の間などではありませんか？ 辛い夏の草取りのお助けグッズを紹介します。

古いフォークとスプーン。スプーンはこぼれダネから殖えた幼苗を移植するなど、草取り中の細かい作業に。

フォークは芝生に生えているオヒシバなど、抜きにくい雑草の根元に差し込んで掘り起こします。

芝生に混じって育っていた雑草が根っこからきれいに抜けて快感～です。気持ちよく続けられそう?

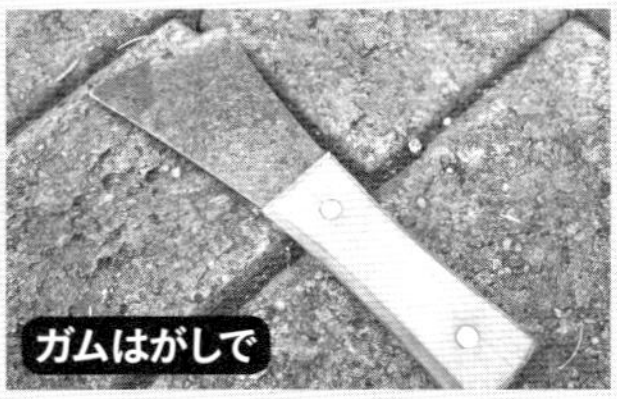

清掃用具として使われているガムをはがす道具です。何年も使っているのでさびて貫禄十分！

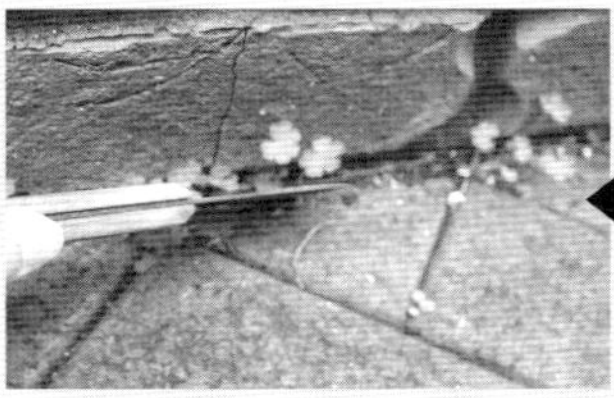

レンガ敷きの目地や立ち上げた花壇のすき間などに差し込むと、雑草を根元から抜くことができます。

小さくても抜きにくい雑草がすっきりとれるので、草取りにおすすめしたいグッズです。

idea 19

野菜 その1

花と野菜の同居スタイル

野菜は支柱を必要とするものが多いので、花壇ではトレリスやオベリスクなどを利用して日当たりよく。

夏の庭で力を入れているのが花より団子ならぬ、野菜です。野菜だけの菜園ではなく、花と野菜が同居するスタイル。野菜を植える場所を限定しないので連作障害の心配もなく少人数家族にちょうどよいくらいの収穫ができます。

バラ‘紫玉’やヤグルマギクが咲く5月下旬の花壇に、6種ほどの野菜が育っています。2人暮らしには適度な収量が見込めます。

idea 20 コンパニオンプランツと一緒に！

一緒に植えると、病害虫を寄せつけにくく生長を促すなどのメリットがある植物をコンパニオンプランツといいます。野菜と花を組み合わせても同じで、リンゴやラディッシュにナスタチウム、トマトやレタスにチャイブなどを組み合わせると健やかに育ちます。

キュウリの株元に植えているのは土中のセンチュウの密度を下げるといわれるコンパニオンプランツ、マリーゴールド。トマトとも相性バツグン。

花と一緒に育てやすい野菜たち

赤や黄色のミニトマトは花壇の彩りにもよく、バジルと好相性です。

写真のようにコンテナでも育ちますが、花壇に植えると2倍の草丈に育ち、存在感のある花も楽しめます。

コンテナでも育てやすいピーマン。自家栽培ならではの赤く熟したピーマンは栄養価高く青臭さなし。

オベリスクの足元に植えたら、誘引しなくてもつるを伸ばして勝手にしがみつくから手間なし。見た目もおしゃれなタワー仕立てに。

やわらかくて青果売り場では値段の張る人気野菜。コンパクトな株で秋遅くまで鈴なりに実をつけます。

実なりはよいものの、無農薬栽培ではテントウムシダマシの食害などがあります。やや上級者向き。

赤や黄色の‘アイコ’シリーズや‘レジナ’、紫色の‘インディゴローズ’などと種類豊富。次々に収穫できるから育てがいがあります。

野菜その1　小さな庭でも楽しめる〝フーデニング〟

連作障害の心配無用　少人数家族の分だけ育てる

　夏に向かう庭にいらした方は「わぁ〜、トマトがいっぱい！」「こんなところにシロゴーヤーが〜」と歓声をあげてくださいます。こんなところまで……という狭いスペースでも野菜を育てているわが家です。数年前から始めた〝花と野菜の同居スタイル〟。野菜は野菜だけの菜園で育てるのではなく、庭の花たちと一緒に育てるフーデニングです。

　フーデニングとは、フード（食べ物）＋ガーデニング（園芸）という意味の造語だそう。春の花々が終わったところから、野菜の苗を植えていきます。「野菜はこの場所に毎年育てる」という考え方をしなくなって、同じ場所で育てて生育が悪くなる連作障害の心配もありません。

　市民農園などで育てた野菜が食べきれずに困った、という話を聞くことがあります。子どもが独立した夫婦だけの暮らしに適当な量を収穫するには、花壇の一角やコンテナ栽培くらいでもよいのでは？　最近は野菜栽培の専用コンテナもあって、さまざまな野菜がコンテナで育てられます。草花とは一味違う楽しさがある野菜育てに、住宅地の小さな庭やベランダでも挑戦してみませんか。

花と野菜の同居問題とおすすめ野菜

　花と野菜を一緒に育ててみてむずかしいなと思うのは、野菜と花の草丈のバランスです。近くに植えた野菜や花が育ちすぎて、いっぽうに覆いかぶさったり日差しを遮ることがないように、花も野菜も種類を選んで草丈を切り詰める調節もします。

　また、バラや柑橘系の果樹のように、害虫がつきやすい植物のそばに、野菜を植えるのは避けたほうがよいでしょう。無農薬で野菜を育てよう

コンテナ栽培向き野菜

小さく収納できるので、ベランダなどに使いやすいフェルトプランター。深さの異なる2タイプがあり、深いほうなら支柱も立てられて、ニンジンなどの根菜類も栽培できます。

わが家の愛犬、トイプードルのモカはミニトマトが大好き。コンテナの前で舌なめずり！

タネから育てたスイスチャード。赤や黄色の彩りが美しく、若葉を摘んでサラダに入れます。ここまで育つと観葉植物みたいです。

開花苗を室内で育てると、冬でもイチゴが収穫できます。コンテナなら実が土ハネで汚れません（上）。直径20cmほどの小型コンテナでも、ミニトマトが鈴なり（下）。

と思ったら、ある程度の虫食いは覚悟するにしても、できるだけ病気になりにくく虫がつきにくい花、ナスタチウムなどとの同居がおすすめ。

花と一緒に育てやすい野菜のおすすめナンバー1は、品種も多くてカラフルなミニトマトです。コンテナでも確実に収穫できるので、お子さんと栽培するのも楽しいのでは？　トウガラシやオクラもコンテナ栽培できますし、つる性のスナップエンドウなどは狭い場所で育てられます（詳しくは36〜38ページ参照）。

害虫を遠ざけ、風味を増す　コンパニオンプランツ

無農薬で野菜を育てるとき、心強い味方がコンパニオンプランツです。33ページで紹介したマリーゴールドは、コンパニオンプランツの代表格。土中のセンチュウの密度を下げるだけでなく、トマトなどにつくオンシツコナジラミにも有効といいます。

トマト料理によく使うバジルは、一緒に育てるとトマトの生育を促進、風味をよくするそうです。アブラムシなどを寄せつけない働きもあるので、一石二鳥どころか切っても切れない相性のよさ！　ぜひ一緒に育ててください。

ほかにもチャイブなどのネギ類やミント、ローズマリーなどのハーブは、香りの強さを嫌って害虫が近づきにくいといわれます。料理にもよく使うこれらのハーブは丈夫で、花もかわいいものが多いので、花壇で野菜と一緒に育ててみませんか。ハーブの育て方のコツや利用法などについては、40〜43ページに紹介しています。

バジル&トマトは相性ばっちり

バジルとミニトマトを交互に植えつけ。房状の実が垂れた赤いトマトと、バジルの緑の葉が補色対比で美しい。

トマトはハンギングバスケットでも育てられます。コンパニオンプランツのバジルを2種添えて。

idea 21

鳥害を防ぐひらひら〜

家庭で育てるトマトは「完熟で食べたい！」と、収穫を待っていたら、近くに植えてあるブルーベリーを目当てにきたヒヨドリにトマトをつつかれてしまいました。それで、田んぼのスズメよけテープから考えついたのが「鳥撃退のひらひら〜」。「こんなもので効果があるの？」と思われるでしょうけれど、ヒヨドリもカラスも庭に下りてさえこなくなりましたよ。

帯状の荷造りひもを60cmくらいの長さに切り、半分に折ったものを数本束ねます。束ねたひもを植物の枝や支柱に固定するだけです。

ガゼボ周囲の芝生をくりぬいて植えたシロゴーヤーです。足元を飾るのはコリウス‘バーリー’や‘チュルオダ’など。

idea 22

野菜 その2

緑のカーテン おしゃれ進化形

[写真上]「真夏の青いスイートピー」と呼ばれるスネイルフラワーとよく似合うシロゴーヤー。
[写真下]ゴーヤーより苦みが少なくて食べやすく、つる伸びも緩やかでコンパクトに楽しめます。

ゴーヤーなど、つる性野菜を育てる緑のカーテン。
アサガオなどをまじえると華やぎます。
ただ、2階まで届くカーテンは収穫しにくいもの。
フェンスやオベリスクを利用してコンパクトに
花とも組み合わせておしゃれにいかがでしょう?

秋にタネを直まきして3株育てたスナップエンドウ。オベリスクに誘引したタワー仕立てです。オープンガーデンで実つきのよさをお披露目するために、収穫を我慢した状態。

ブルスケッタ

トマトが水っぽいとパンが湿ってしまうので、セミドライにしてサクッとした歯ごたえと濃い味わいを。

ミディトマトのファルシー

ミニトマトと一般的なトマトの中間サイズのミディトマトを使って、詰め物をするとボリュームある一品になります。

シロゴーヤーとサクラエビのピリ辛炒め

ゴーヤーの苦みは苦手という方でも食べやすいシロゴーヤー。ピリ辛の味つけで食が進みます。

idea 23 野菜をムダにしない簡単クッキング

収穫期になると野菜が次々に食べごろになり、食べるのが追いつかない状態になりがちです。ミニトマトなら半分に切り、ゴーヤーは薄くスライスして、2日も天日で干せばセミドライになって日もちします。味も栄養価も凝縮され、生で食べるのとはまた違う味わい。実が割れたトマトも気にせず食べられる料理などもお試しください（レシピはP39）。

イタリア風炊き込みご飯

トマトは実が割れてしまうことも多いけれど、気にしないでバジルとの相性のよさを味わえます。

野菜その2 つる性の野菜や花を組み合わせる

株元が日陰でも大丈夫 つる性同士で切磋琢磨？

トマトなどの実がなる果菜は、レタスなどの葉菜より日当たりがとても大事です。ほかの植物の日陰にならないよう、植える場所に気をつけなくてはなりません。でもスナップエンドウやゴーヤーなど、つる性の野菜は植えた株元が日陰でも、伸びたつるが日によく当たれば実をつけるので植え場所を選びません。

フェンスやオベリスクに沿って植えると、専用の支柱がなくてもつるを誘引しやすく、庭のアクセントにもなります。下の写真は量販店で購入した鉄製の洋風あずまやガゼボに誘引したつる性の野菜です。夏に熱くなる鉄は、植物が嫌うのではないかと心配しましたけど、スネイルフラワーなどは約3mのガゼボ上まで勝手に伸びました。

つる性の植物同士を混植すると、競い合って生長が早くたくましく育つように感じますが、どうでしょう。みなさんも試してみてください。

収穫しやすい位置に つるを誘引・剪定する

スナップエンドウやゴーヤーなどは、巻きひげで絡みつきながら上へ上へと伸びます。でも、ある程度の高さでつるの先端を切り詰め（芯を止める）、脇芽から子づるを伸ばします。高く育ちすぎると収穫しにくくなり、つるが重なりあうと葉に日光が均等に当たらないので、テグスでつるを誘引していきましょう。

スネイルフラワーのようなつる性の草花を一緒に育てたり、つるが伸びてスペースのあく株元にこんもり茂る草花やハーブを育てるのもおすすめです。スナップエンドウは移植を嫌うので、春咲くシレネなどと一緒に秋に直まきしています。

つる性野菜の誘引

1 20日前に直まきしたスナップエンドウ（直まきについてはP72を参照）。ガゼボの手すりに届くまで割り箸で誘引。

2 割り箸の支柱より大きく育つと、あとは巻きひげで手すりにしがみつきます。懸命にしがみつく姿がかわいらしい。

珍しいインゲンの一種カイマメと、カクテルキュウリをガゼボの手すりに沿って植えつけ。斑入り葉が美しいベロニカで縁取ってみました。庭を囲むフェンスなどで応用できます。

夏野菜の簡単料理レシピ

ミディトマトのファルシー

〈2人分の材料〉
ミディトマト4個、バジルの葉4〜5枚、クリームチーズ70gくらい(市販のもの4切れ)、こしょう適量

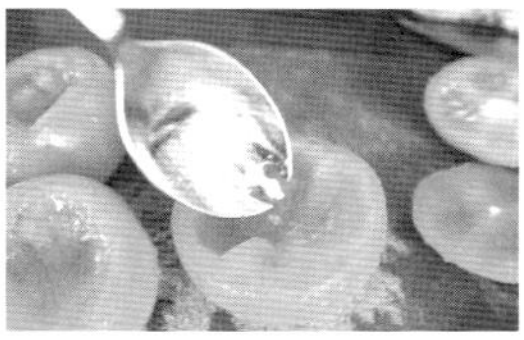

1 トマトのヘタの部分を切り、トマト内部をくりぬきます。くりぬいた中身は使うのでとっておきます。

2 バジルの葉を細かく切り、クリームチーズをくずしながらよく混ぜておきます。

3 くりぬいたトマトの中身と**2**のバジルとチーズを、こしょうで味をととのえながら混ぜ合わせ、トマトに詰めます。

シロゴーヤーとサクラエビのピリ辛炒め

〈2人分の材料〉
シロゴーヤー中1/4個、サクラエビひとつかみ、タカノツメ1本、万能ネギ数本、長澤家の万能つゆ大さじ1、ゴマ油大さじ1、シロゴマ少量

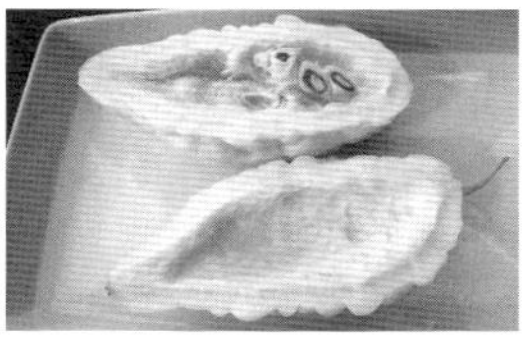

1 シロゴーヤーを切ってタネとワタを取り出します。5㎜幅に切り、沸騰したお湯でさっとゆでて苦みを和らげます。

2 タカノツメを熱したゴマ油でサクラエビが香ばしくなるまで炒めます。次にゆでたゴーヤーを入れ、万能ネギを炒めます。

3 万能つゆ(鰹のだし汁、醤油、みりん、日本酒を各大さじ1杯。これを大さじ1杯くらいに煮詰めます)大さじ1をからませ、シロゴマ少量をふります。※長澤家の万能つゆはネットにて販売。

ブルスケッタ

〈2人分の材料〉
フランスパンスライス6枚、ミニトマト12個くらい、バジル適量、ニンニク1片、塩・こしょう適量、EXバージンオリーブオイル大さじ1

1 ミニトマトは半分〜1/3に切り、室内の日当たりのよい窓辺に置き、2日間ほど水分を飛ばします。

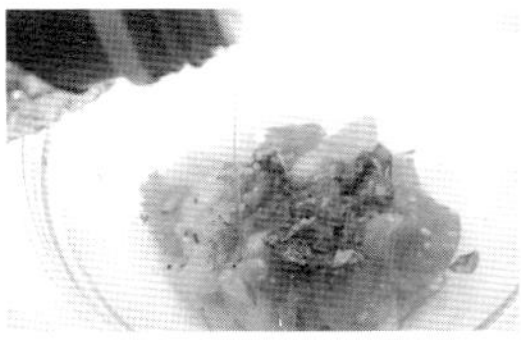

2 **1**のセミドライトマトに刻んだバジルを加え、塩・こしょうで味をととのえ、オリーブオイル大さじ1を入れて混ぜます。

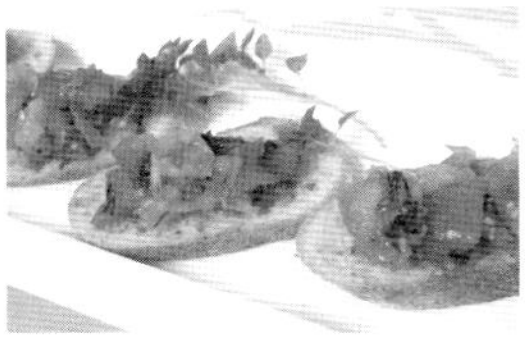

3 オーブントースターで焼いたパンに、すりおろしたニンニクをこすりつけ、**2**をのせます。

イタリア風炊き込みご飯

〈4人分の材料〉
白米2合、タマネギ(小)1個、ベーコン100g、ミニトマト15個くらい、スイートバジル適量、塩小さじ1、こしょう適量、バター少量

1 みじん切りしたタマネギを耐熱容器に入れてバターをのせ、ラップをふわっとかけて600Wで2分加熱します。

2 一口大に切ったベーコンを少し焦げ目がつくまで炒め、**1**のタマネギを加えて塩とこしょうで下味をつけます。

3 米を入れた炊飯器に1合半の目盛りまで水を入れ、あら熱がとれた**2**とミニトマト15個ほどにスイートバジルの茎も入れて炊き上げます。

idea 24

ハーブと果樹

眺めて食べて おいしい暮らし

イブキジャコウソウ(上)は日本自生のタイムの仲間なので育てやすく、花壇に植えたら素晴らしいボリュームで開花。日陰の花壇ではサンパチェンスやコリウス、ユーフォルビア'ダイアモンドフロスト'などと、みずみずしい葉色の美しさを競う中央のスイートバジル(左)。

寒さに強く常緑のイタリアンパセリとローズマリー。バジルを加えた3種があると家庭料理がランクアップ。

料理の薬味や刺し身のツマから
湯船に浮かべるショウブやユズまで
暮らしに役立ち、暮らしを彩るハーブ。
花壇の隅に植えておくととても便利です。
花も紅葉も楽しめるコンパクトな果樹も
コンテナなどで育ててみませんか。

デザートに重宝なミント、シチューなどに使うローリエ(ゲッケイジュ)、肉料理にはローズマリー、魚料理にフェンネルを。

花も紅葉も美しい果樹

ご近所さんからいただいたブルーベリーの苗木。品種名も分からず、1本だけ育てていますが、8月にはご覧のような鈴なりです（上）。5月に咲くベル状の花もかわいらしく（左下）、11月には紅葉も楽しめて（左上）、眺めて食べて何度も嬉しい果樹！ コンパクトに育てられます。

ターシャ・テューダーの庭に憧れて育てたクラブアップル。小さな実でもおいしい果実酒がつくれます（左上）。ブルーベリーとブラックベリーは一度に収穫できる量が少しでも、2人分のヨーグルトやサラダに入れるのにちょうどよいくらいです（上）。

idea 25

ミント水でリフレッシュ！

生い茂るハーブは、夏の蒸れを防ぐためにバサッと切り戻します。早朝の庭にミントの爽やかな香りが漂って、「そうだ！ ミント水をつくろう」と思いつきました。夏バテぎみの頭もすっきりするのでおすすめです。

切り戻した茎葉を煮出すミント水（つくり方はP43）。少量ならポットでもつくれます。氷水を入れたグラスに注ぎ、レモン汁を加えて。

ヒメリンゴとクラブアップルは秋に同じような小型の実を熟しますが、クラブアップルは実のつき方がサクランボに似ています。6月に実るジューンベリーはルビー色の果実酒になり、つる性のブラックベリーは梅雨明けが食べごろで、庭仕事のごほうびにもパクッと。

ハーブと果樹

庭でもキッチンでも楽しむために

寒さに強いハーブは庭へ 弱いハーブは鉢で室内に

ハーブは入浴剤にしたり、衣類の虫除けに使ったり、幅広い利用法があります。なかでもネギやショウガやシソなど、日本でも古くから使ってきたキッチンハーブは身近な存在。いまではスイートバジルやイタリアンパセリやローズマリーなどもよく使いませんか？

これらを庭先やベランダで育てておけば、いつもフレッシュハーブの香りが手軽に楽しめて、家庭料理もワンランクアップします。イタリアンパセリやローズマリー、タイムなどは寒さに強いので、花壇に地植えしても大丈夫。寒さが苦手なバジルは鉢で育て、冬は室内に取り込んでもよいでしょう。

せっかく庭で育てるなら、タイムでも葉色のきれいなフォックスリータイムや、バジルも小さな葉が密生してかわいいブッシュバジルなどを育てるのもおすすめです。インターネットが利用できたら、園芸店の店頭より珍しい品種のタネがネットショップでみつかるかもしれません。ハーブは育てて、眺めて、料理や暮らしのアイテムに使ってと、いろいろな楽しみを満喫したいものです。

オフホワイトや赤みを帯びて美しいフォックスリータイムは庭のアクセントに。

小葉でよく香るブッシュバジルはアフロの草姿もかわいい。流通が少なくて残念。

バジルを仕立て直して 茎葉をやわらかく、挿し木も

夏、スイートバジルに花が咲くころになると、茎葉がかたくこわばってきます。また、無農薬で育てていると虫に食べられたり、葉の上に害虫のふんがあったりすれば食欲減退。そんなときは思い切って茎を切り戻してみませんか。切った節の脇芽からやわらかい茎葉が伸びでて、またつやつやと茂ります。

切り取った古い茎葉も茎挿しすると、挿し木の成功率は１００％！新しい苗が殖えて、寒くなるまでバジルが自給自足できます。バジルの仕立て直しは一挙両得です。

バジルの挿し木

1 地上15cmほどで切り取ったバジルの茎。茎頂の花やかたい葉は取り除いて挿し穂にします。
2 鉢に挿し芽・タネまき用土か赤玉土を入れ、割り箸などで穴をあけて挿し穂を挿し、水を与えて日陰に置きます。
3 水を切らさずに1週間〜10日たつと挿し穂から根が伸び、1カ月後には移植できます。

果樹は気候にあう 2品種セットがおすすめ

ブルーベリーの品種にはどちらかといえば寒地向きのハイブッシュ系と、暖地向きのラビットアイ系があります。それぞれに特徴がありますが、なかでもハイブッシュ系に比べてラビットアイ系は、1本の木では結実しにくい特性があるので、注意しましょう。

カキやウメなども自家結実性が弱いので、受粉樹と呼ばれる別品種を近くに植える必要があります。庭に植えた果樹になかなか実がならないときは、別の品種をそばに植えてみるとよいかもしれません。受粉樹を必要としない果樹でも、近くに別の品種があると実つきがよく大実になるなど、影響があるそうです。

種苗カタログなどで果樹がよく2品種セットで売られているのは、こういうわけだったのですね。

小さな苗木から育てて4年目のクラブアップル。花が咲いたら筆で人工授粉をして、実なりを促します。

楽しみ多い果樹は コンパクトに育つ品種で

ただ、庭の広さは限られるので、受粉樹を必要としたり大きく育つ果樹は育てにくいもの。ブルーベリーのようにコンパクトで、コンテナでも育てられる種類がおすすめです。

たとえばヒメリンゴやクラブアップルなどは、小さな庭やコンテナでも育てやすいものです。クラブアップルは2本植えると実つきがよくなるそうですが、わが家では1本でもそれなりに実がつきます。春に咲く花も美しく、秋の実は庭の彩りになり、小さな果実でも果実酒をつくる楽しみがあります。

つる性のブラックベリーはトレリスなどに這わせます。トレリスの片面が日陰でも両面に実がつくのが嬉しい! 6月には白やピンクの花が咲いてすぐに実を結び、7月には赤く染まってきれいです。これが黒くなって、手で触るとぽろりととれるようになったら収穫のサイン。

この間に、新しく勢いよく伸びた枝に来年の実がなります。今年、実をつけた枝に来年は実をつけないので、葉が枯れて幹が茶色くなったら切ります。ブルーベリーでも古い枝は実つきが悪く果実が小さいので、新しい枝を充実させましょう。

ミント水と果実酒のつくり方

[写真右上]よく洗ったミントの茎葉は沸騰した湯に入れたら火を止め、蓋をして2分ほど蒸らします。冷まして数日は冷蔵庫で保存可能。
[写真右下]ポットに入る量なら、上から熱湯を注いで蒸すと琥珀色に完成。
[写真左]果実酒は、果実の重さの30〜50%の氷砂糖と果実酒用ホワイトリカー適量を注いでつくります。

星形のカンパニュラ‘アルペンブルー’が咲きこぼれる初夏のシェードガーデン。紫の宿根バーベナ‘スーパーベナ’でブルー系の濃淡をつけたり、白のオルレアやギボウシの縁取りも爽やかです。

idea 26

日陰向きの植物

シェードガーデン 季節の楽しみ

日陰を明るくするカラーリーフなどの
多年草を中心にすると管理がラクです。
色が欲しいときは一年草をチョイ足し!
日陰でもたくましく育つ植物は意外に多くて
「日陰の庭があってよかった」と実感します。

[写真上]ふんわり清楚な雰囲気のユーフォルビア‘ダイアモンドフロスト’を背景にルリマツリモドキが映えます。
[写真右]サンパチェンス‘斑入りホワイト’やピンクや白のヒポエステスなど、カラーリーフに日陰を明るくします。

[写真上]涼しげな白の八重咲きニチニチソウ‘ソワレ’と紫のアンゲロニアは、夏～秋に長く咲き続けます。
[写真左]シェードガーデンの中でもヤマボウシの下は最も暗い場所ですが、夏にちょっと足し植えた一年草のコリウスが、ハトスヘデラやアジュガに映えて燃え立つようです。

ヤマボウシの下でクリスマスローズが群れ咲きます。白いビオラやベロニカ‘オックスフォードブルー’はまだ小さな株ですが、足元から春の息吹が伝わってくるようです。

クリスマスローズの花首の下を、プリムラ‘ウインティー’が埋めるように咲きます。

かわいいビオラなどの頭上に、ピンクのセイヨウオダマキや白とブルーのチドリソウなどが咲きだして春爛漫。日陰とは思えない愛らしい景色が楽しめます。

晩春

アジュガの花穂やピンクのビオラを、明るいプリムラ‘ウインティー’が浮かび上がらせます。

日陰向きの植物

日陰だからできること、楽しめること

どんな日陰か見極めて 日陰の庭の魅力に触れよう

わが家の東側は日当たりのよい庭でしたが、隣家の建て替えでシェードガーデンに！ 日本の住宅事情ではよくあることと思っても、当初はショックでした。そんなときに種苗通販のカタログでシェードガーデン特集を見て、日陰や半日陰が好きな植物が意外に多いことを知り、「庭の植栽を変えればいいんだ！」と気持ちを切り替えられたのです。

シェードガーデンに慣れると、緑がみずみずしく見えたり、夏は涼しい風が吹き抜けて快適だったり……シェードならではの魅力を感じます。スウェディッシュアイビーなど、強い日差しで葉焼けしてしまった植物もよみがえります。

「うちの庭は日陰だから、なにも育たない」なんて決めつけずに、日陰のメリットを最大限に生かしませんか。これまで育てたことのない植物の魅力に出合えるかもしれません。まずは自分の庭がどんな日陰か正確に知りましょう。日陰といっても数時間は日が差す半日陰、直射光はなくても周囲が明るい日陰、冬は落葉樹の葉が落ちて日が当たる……こんな環境なら多彩な植物が育ちます。

自宅と隣家に挟まれているシェードガーデンの全景。冬は北風が通り抜ける過酷な環境です。

日陰になって最初に植えたアジュガは、耐寒性のある多年草。冬は枯れたようでも春にはよみがえって広がります。

地表は日の差さない日陰でも、目の高さあたりは結構明るいので、樹木の枝に吊り下げた鉢では多肉植物も育ちます。

目の高さを飾ってみよう！

地表より明るい窓辺を彩るウインドーボックスなら、日陰でもスイスランドカンパニュラの華やかな花飾りができて視線を集めます。

日陰でも植物が喜ぶ環境を整えよう

　建物と建物に挟まれて日当たりの悪い場所でも、太陽が天頂にある間は日差しが届きます。また、地表近くは暗くても、高い位置ほど光がまわって明るいもの。わが家のバラも壁の高い位置に誘引したら、花つきがよくなりました。建物の壁の色を明るくすると反射光も当たります。

　こう考えると、本当に暗い日陰はうっそうと茂った常緑樹の足元くらいかもしれません。雨も当たりにくく乾燥した日陰は、植物にとって最も過酷な環境です。枝を透かすように剪定して、光と雨が当たるようにすれば、草花が育ちます。

　日陰の庭もちょっとした工夫をすることで、草花が喜んで育ってくれる環境が整えられます。

リスク覚悟で植えてみて日陰に強い草花探し

　わが家のシェードガーデンに春を知らせてくれるのは、クリスマスローズの花々です。植えっぱなしの多年草はほかにも、ミヤコワスレやオダマキが続いて開花。一年草のプリムラ'ウインティー'やビオラもよく咲きます。

「え〜っ、ビオラまで咲くの？」と、驚かれるかもしれませんね。園芸書や苗の注意書きに「日なたで育てましょう」と書いてある草花でも、半日陰くらいなら育つ植物は意外に多いものです。11〜3月まで殺風景で暗い感じになりがちなシェードをなんとか明るくしたいと、リスク覚悟の掟破りをしたら、想定外の成功！こうしてラインアップした日陰にも寒さにも強い草花は64〜65ページのカタログでご覧ください。

　また、シェードはハーブにとっても心地よい場所のようです。イタリアンパセリやセージ、スイートバジルなどがよく育ちます。夏の暑さや乾燥、強光線を苦手にする植物にとっても快適な避暑地です。日なたより葉色が映えるカラーリーフをメインに、多年草に一年草をチョイ足しして手間のかからない日陰の庭を。

idea 27 白いオーナメントでアクセントを

ウサギの親子は石の彫像に見えても、実はフェイクでお手ごろ価格。陶製の犬ニッパー君ともども思い出深いオーナメントが、庭にストーリー性をもたせてくれます。

庭に変化を与えたりフォーカルポイントになるオーナメント。暗くなりがちな日陰の庭では、色白の婦人像やウサギの親子が明るいアクセントになります。ホームセンターの特売品でも、気に入ったもので庭を飾ることで愛着が……。

効果的なリーフプランツ

白い花に加えて、白や黄色の斑入り葉や明るい葉色は日陰を照らすようです。

濃いブロンズ色のヒューケラを添えると、みずみずしい日陰のグリーンが引き締まります。

idea 28

夏の〝ステキ〟な組み合わせ

暑さ厳しい夏の庭で、日陰には涼しげな色合いの花。日なたでは鮮やかな花色や野菜だって楽しめます。花に負けない彩りのリーフプランツも生かして人や植物が無理をしないステキな庭を目指しましょう。

涼やかな花色のサイズ違い

シェードガーデンに咲くホタルブクロとカンパニュラ'アルペンブルー'。カーペットのように広がる星形の花と、そこから立ち上がる花にどちらも涼しげ。

葉の彩りにもこだわって

白い花だけでなく斑入りの葉があいまって涼しげなサンパチェンス。赤葉のヒューケラやハツユキカズラなどのリーフも名脇役。

ハイビスカス'トリカラー'の赤みを帯びた葉が、同系色の宿根バーベナ'スーパーベナ'やフクシアの花々を引き立て。

日差しに負けない花色で

わい性のカンナ'トロピカル・ブロンズスカーレット'(上)や、黄色のジニア'プロフュージョン'(右)など、夏の日差しに映えるビタミンカラーの花は少量でもインパクト大!

野菜の花や実で庭を彩る

ヒマワリを背景にシロゴーヤーの実が揺れたり(左)、バラを誘引するリングをミニトマトが飾ったり(上)、花と野菜が同居する夏ならではのシーン。オレンジや黄色系のコリウスを添えると、シロゴーヤーの葉色やつるの描く曲線がいっそう鮮やかに浮かび上がります(下)。

ちょっとひと手間

手仕事遊び❷

育てた花のスキャニング

コピーのように写した画像をパソコンに取り込める便利なスキャナー。近ごろはプリンターなどとの複合機で家庭にも導入されています。あるとき、水揚げが悪くてしおれやすいフジの花をスキャンしてみたら、ステキな仕上がりにびっくり。それからさまざまな花をスキャンして額に入れたり、カードをつくったり楽しんでいます。わが家のスキャナーでは背景がこのように黒くなるので、黒に映える花や果物、野菜などを選びます。写真とはまた違う味わいが出ておもしろいです。

グリーンの小さな蕾が膨らみ、やがて真っ白に咲き誇るアジサイ'アナベル'の咲き進む段階を、ヒペリカムやストケシア、カンパニュラと。

シロゴーヤーの実とつるや花をボタニカルアートのようにアレンジしたり(上)、色幅のある虹色スミレのバリエーションを一枚にまとめたり(下)、植物好きならいろんな楽しみ方を思いつきそうです。

スキャンのコツ

スキャナーに花や葉を置いて、カバーを閉めずにスタートします。花や葉を置く位置によってイメージが変わるので、置き方を変えてみると楽しい。はみだすほど長いフジの花房は輪にしてみました。

スキャナーに額を置き、バラ'ウーメロ'を手で支え持ってスキャニング。蕾や葉が飛び出すように、花弁が折れないように気をつけて。

3章 ほぼ植えっぱなし！

育てやすい植物カタログ

庭をつくるとき、どれだけ植物を知っているかは大事なポイントです。同じ植物でも花色のバリエーションがあり、品種によっては同じ花とは思えないほど花形や性質が異なることもあります。最初はまず花色にこだわって組み合わせを考えてみてはどうでしょう。次に草丈や開花期をチェックします。ここでは植えっぱなしOK！の多年草を中心に、花色の系統別にカタログをまとめました。また、主に球根で販売されているものとリーフプランツ、日陰に強いものをご紹介します。

花色別 レッド&ピンク

遠くからでもよく目立つレッド、
やさしく甘いペールピンクまでのエレガントな花たち。

チェリーセージ

シソ科／多年草／開花5～11月／草丈50～100cm（学名サルビア・ミクロフィラ）
小さなポット苗を植えて何年も元気で、挿し木で簡単に殖えます。冷え込んでくると花色がさえます。

シャクヤク‘紅日輪’

ボタン科／多年草／開花5～6月／草丈50～80cm　冬は地上部が枯れて春に新芽が出ます。年々大株になって花数も増えるので株分けが必要。写真の品種以外にも育てたい品種がたくさん。

宿根キンギョソウ‘シルバーストライプ’

ゴマノハグサ科／多年草／開花4～5月、10～11月／草丈40～50cm（学名アンテリナム）　多年草タイプのキンギョソウで葉に縁どりが入ります。花後に切り戻すと10日ほどで新しい蕾が出現!!

クレマチス‘プリンセス・ダイアナ’

キンポウゲ科／多年草／開花5月／つる性（テキセンシス系）　春から伸びる新枝に花が咲くタイプなので、冬は地上部が片づきます。蕾もかわいらしくて、切り戻したら秋にも咲きます。

ゴデチア

アカバナ科／半耐寒性多年草／開花5～6月／草丈50～80cm　紙細工のように繊細な雰囲気の花です。半耐寒性多年草なので、10月初めにタネまきして育てます。直まきに向く直根性です。

ハゴロモルコウ

ヒルガオ科／非耐寒性多年草／開花8～10月／つる性　ルコウソウとマルバルコウが交雑した品種で、ルコウアサガオとも呼ばれます。寒さに弱いので一年草扱い。直まきでよく育ち、切れ込みの葉もステキ。

ミニバラ‘プチシャンテ’

バラ科／落葉低木／開花5月（四季咲き性）／クリーピングタイプ　しなやかで細い枝は誘引しやすく、切り戻さなくても枝数が増えます。病害虫に強くて無農薬でも花や葉がきれいに楽しめます。

ギョリュウバイ

フトモモ科／常緑低木／開花12～5月／樹高30～500cm　オセアニア原産の花木で、花の少ない時期に咲くので重宝です。ただかたく尖った葉なので、子どもやペットは要注意。

マム（キク）

キク科／多年草／開花9～11月／草丈60～80cm　近年は従来のキクとはイメージの違う品種も豊富です。それでも日本の環境にあっているので、手間がかからずに育ち、挿し木で殖やせます。

ジギタリス

ゴマノハグサ科／二年草・多年草／開花5～6月／草丈60～120cm
花後にたくさんのタネが採れたので、その場にまいておいたら咲きました。冬に地上部が傷んでも春に新芽が出ます。

カンパニュラ・メディウム

キキョウ科／二年草／開花4～6月／草丈60～80cm　花の形からフウリンソウなどとも呼ばれます。春にタネまきして翌春咲く二年草です。秋に市販の苗を植えるとりっぱな花穂で開花。

シレネ‘ピンククラウド’

ナデシコ科／一年草／開花4月／草丈20cmほど　秋にほかの品種も直まきで育てます。タネから育てやすい草花の代表格で、苗の流通はほとんどありません。鉢でも花壇でも映えます。

シモツケ‘ゴールドフレーム’

バラ科／落葉低木／開花5～7月／樹高50～100cm　オウゴンシモツケとも呼ばれるように4月にゴールドに輝く新葉がきれい。大株に憧れて育てはじめましたが、生育はゆっくりです。

ペンタス

アカネ科／一年草／開花5～11月／草丈30～60cm　暑さの中で星形の花を休まずに咲かせる優等生です。同じくよく咲くクレオメと一緒に植えてもステキで、鉢でも花壇でもOK。

ポーチュラカ‘マジカルキューティー’

スベリヒユ科／一年草・非耐寒性多年草／開花5～10月／ほふく性　ハナスベリヒユとも呼ばれ、茎葉は多肉質で、暑さや乾燥に強い。‘マジカルキューティー’は葉もピンクに染まる新品種です。

フジバカマ

キク科／多年草／開花8～10月／草丈1mほど　秋の七草に数えられる日本自生のユーパトリウムの仲間ですが、洋風の庭にも似合います。暑さ寒さに強く、株分けで簡単に殖やせます。

クレオメ‘ハミングバード’

フウチョウソウ科／一年草／開花7～10月／草丈60～120cm　暑さの中で毎日、花茎の先端に向かって咲き進みます。‘ハミングバード’はコンパクトで、花のつき方が優雅な雰囲気です。

モナルダ

シソ科／多年草／開花7～8月／草丈60～100cm　ベルガモットとも呼ばれるハーブで、小さな苗を植えたままで大株になり、毎年開花します。夏の暑さに強いものの乾燥は苦手です。

ポリゴナム

タデ科／多年草／開花5～11月／草丈5～10cm（和名ヒメツルソバ）　土のほとんどない場所でも生え広がって花を咲かせます。6月ごろに切り詰めてボリュームをおさえ、花数を多くしましょう。

エリゲロン

キク科／多年草／開花4～11月（休みながら）／草丈20～30cm　白い花がピンクに変化するグラデーションが美しく、ゲンペイコギクとも呼ばれます。カバープランツとして魅力的です。

宿根イベリス‘ピンクアイズ’

アブラナ科／多年草／開花4～5月、10～11月／草丈10～20cm　白花が一般的なイベリスのピンク品種。カーペットのように咲いたあと、花茎を半分ほどに刈り込むと秋にも咲きます。

ストケシア

キク科／多年草／開花6～10月／草丈30cmほど　紫や白や黄色の花もあります。生育旺盛で1株でもボリュームたっぷりになります。花の少ない梅雨時に咲いてくれるのが嬉しい。

花色別

ブルー&パープル

涼やかなブルーやあでやかなパープル。
落ち着いて控えめな花々は、同系色のニュアンスが豊か。

プルモナリア‘ブルーエンサイン’

ムラサキ科/多年草/開花3月/草丈30cmほど　ピンクの蕾からブルーの花に咲き進み、斑入り葉ではない品種です。半日陰の場所を好み、ほどよいボリュームに殖えていきます。

ギリア・レプタンス

ハナシノブ科/一年草/開花5～6月/草丈30～60cm　花色の美しさに一目ぼれ。秋に花壇やコンテナに直まきして育てます。オルレアやキンギョソウなど、いろんな花とあわせやすい。

ベロニカ‘オックスフォードブルー’

ゴマノハグサ科/多年草/開花3～5月/草丈15cmほど　ビオラなどとも相性ばっちりの花です。寒くなると紅葉する葉もきれいで踏みつけに強いカバープランツ。株分けで殖やせます。

ヒナソウ

アカネ科/多年草/開花1～6月/草丈10～20cm　小さな花が愛らしいので、つい小鉢仕立てにすると、水切れさせやすいので要注意。常緑で暑さ寒さに強いカバープランツです。

ルリマツリ

イソマツ科/半耐寒性半つる性の低木/開花6～10月(学名プルンバゴ)　ブルーの花色が、いちばん美しく感じる花。オベリスクに仕立てると1.5mほどにも伸びますが、東京都の八王子では戸外で越冬できません。

ムラサキセンダイハギ

マメ科/多年草/開花5～6月/草丈80～100cm(学名バプティシア)　すらっと伸びて咲く姿と花色が魅力的です。花がないときもやわらかくこんもりした株姿が庭のアクセントに。

ルリタマアザミ

キク科/多年草/開花6～9月/草丈80cmほど(学名エキノプス)　半日陰でも毎年たくさん夏に咲きます。トゲトゲの先に咲く小さな花が終わっても、秋までこのまま楽しめます。

アヤメ

アヤメ科/多年草/開花4～6月/草丈60～80cm　わが家に古くからある花で、風情があります。最近はあまり見かけませんが、手間もかからず縦のラインがきれいなのでおすすめです。

カンパニュラ‘ラ・ベル’

キキョウ科/多年草/開花5～6月/草丈70cmほど　八重咲きのモモバキキョウです。シックな花色で幾重もの花弁がゴージャスそのもの。大株になるとみごとな花立ちになります。

カンパニュラ‘涼姫’

キキョウ科/一年草/開花5～7月/草丈1mほど　春にタネまきしても7月に咲きます。スレンダーな花穂ながらたくさん咲き上がり、楚々とした印象です。切り花にもぴったり!

ベロニカ‘グレース’

ゴマノハグサ科／多年草／開花5〜6月、10〜11月／草丈40〜50cm　気温が下がると紫色を帯びるカラーリーフとして魅力的です。耐寒性も強く、秋の花が冬まで咲き続けることも。

スーパーベナ(宿根バーベナ)

クマツヅラ科／多年草／開花5〜10月／草丈15〜30cm　写真は‘スーパーベナ’という品種の宿根バーベナで、暑さの中で長く咲き続けます。オルレアなどとの相性もよく、淡い花色を引き立てます。

スイートピー

マメ科／一年草／開花4〜6月／草丈40〜300cm(つる性)　写真のようにスイートピーのイメージを覆す大人色もあります。秋に直まきすると簡単に育つところも嬉しいポイント。

フジ

マメ科／落葉低木／開花5月／つる性　日本では棚仕立てで長い花房を垂らしますが、欧米では壁面に添わせるのが一般的。大きめのコンテナに植え、花後につるを切り詰めてもOK。

セリンセ

ムラサキ科／一年草／開花4〜5月／草丈30〜60cm　寒さに強いので、秋に直まきして育てます。青みがかったグリーンの葉が魅惑的です。枝垂れて咲くので、支柱に誘引します。

ゲラニウム

フウロソウ科／多年草／開花5〜6月／草丈50〜60cm(和名フウロソウ)　ピンクや白花、黒に近い紫の品種もあって、それぞれに魅力的です。寒さに強いものの、蒸し暑さには弱い。

ギリア‘トワイライト’

ハナシノブ科／一年草／開花5〜6月／草丈40cmほど　ギリア・トリコロールの園芸種でふわっと広がって咲く姿がステキです。直まきで育ち、次々に開花しますが、雨風にやや弱い。

ジャーマンアイリス

アヤメ科／多年草／開花5〜6月／草丈70〜100cm　ドレスみたいにエレガントな花なのに、まったく手間のかからない植えっぱなし多年草です。たくさんの品種があり、主に地掘り苗で流通します。

スミレ

スミレ科／多年草／開花2〜4月／草丈10〜20cm　日本のあちこちに自生種があるように、丈夫でよく咲きます。買ってきた苗からこぼれダネで殖えるので、カバープランツにもぴったり。

スイスランドカンパニュラ

キキョウ科／多年草／開花3〜4月／草丈20cmほど　オトメギキョウ(ベルフラワー)の園芸品種で、ブルーの濃淡や白の花色があります。建物の北側の日陰でもたくましく咲いてくれます。

スネイルフラワー

マメ科／半耐寒性多年草／開花6〜10月／つる性　「真夏の青いスイートピー」という名前でも流通。生育旺盛で緑のカーテンに利用できます。暖地ではマルチングくらいで冬越し可能。

トレニア‘ブルーインパルス’

ゴマノハグサ科／非耐寒性多年草／開花5〜11月／草丈15〜20cm　斑入り葉の美しい品種で、10月半ばには写真のように紅葉します。多年草ですが、寒さに弱いので一年草扱いです。

yellow & orange

花色別

イエロー&オレンジ

イエローやオレンジは元気をくれるビタミンカラー。輝くばかりに、庭を明るく彩ります。

パンジー

スミレ科／一年草／開花11～5月／草丈15cmほど　寒さに強くて冬も咲き続け、多彩な品種が庭に欠かせない花です。花径4cm以下を一般的にビオラと呼びますが、近年は小輪パンジーも人気です。

バラ‘ウーメロ’

バラ科／落葉低木／開花5月（四季咲き性）／半つる性　濃いオレンジの蕾が咲き進むにつれてサーモンピンクに変化します。50cmほどの苗木を植えたら、3年目くらいからみごとな花つきに。

ゲウム・リバレ

バラ科／多年草／開花4～6月／草丈20～30cm　フウリンダイコンソウとも呼ばれるベル状の花で、うつむいて咲きます。派手な花とも相性ばっちり。暑さ寒さに強くて手間いらず、株分けで殖やせます。

マルバストラム

アオイ科／多年草／開花4～6月／草丈25cmほど　日中だけ開花する一日花を次々に咲かせます。繁殖力旺盛で土がほとんどない場所でも広がり、日当たりと風通しのよさを好みます。

エビネ

ラン科／多年草／開花4～5月／草丈30～60cm　夏越しのむずかしい山野草と思われがちですが、意外に育てやすいものです。多彩な品種があって洋風にも似合い、日陰にも向きます。

カレンジュラ‘冬知らず’

キク科／一年草／開花12～5月／草丈20cmほど　キンセンカの園芸品種で、冬じゅう咲き続けます。こぼれダネから毎年咲いてナチュラルな雰囲気。日差しによって花弁を開きます。

ヒペリカム

オトギリソウ科／半常緑低木／開花6～8月／樹高20～60cm　切り花でも人気の花木で、赤や黄色の実のなる品種があります。寒さに強くて手間いらず。小さな苗木からでもよく育ちます。

ルドベキア‘タカオ’

キク科／多年草／開花7～10月／草丈30～80cm　空き地などに生えるほど丈夫です。自然に任せると80～100cmになるので、2～3回切り戻してコンパクトに。日陰でも育ち、切り花にも向きます。

ルドベキア‘チェリーブランデー’

キク科／多年草／開花6～9月／草丈30～60cm　インパクトのある花で遠くからでも目立ちます。地植えにした翌年は大株に育ち、花数も爆発！　わい化剤で処理された苗が出回るので気をつけて。

ライア・エレガンス

キク科／一年草／開花4～6月／草丈20～40cm（別名カリフォルニアデージー）　クリーム色の花弁が白く縁取られて、明るい印象です。苗の流通はあまりなくて、直まきで育てています。

フクジュソウ

キンポウゲ科／多年草／開花2～4月／草丈15cmほど　日差しとともに黄色の花弁を開き、元気で華やかに咲きます。ほかの植物に比べて生長がゆっくりなので、鉢植えでも育てやすい。

ダールベルグデージー

キク科／一年草／開花4～9月／草丈20～30cm　小さな花ですが、とびっきりの元気色で花壇が明るくなります。写真ではキクやシソの葉に隠れていますが、やわらかい羽状の葉も魅力です。

ジニア 'プロフュージョン'

キク科／一年草／開花7～11月／草丈30～40cm　シリーズの花色違いを直まきして成功。仏花のイメージだったヒャクニチソウがおしゃれで新鮮、切り花にしても長く楽しめます。

ビデンス

キク科／半耐寒性多年草／開花6～10月／草丈20～40cm　ウインターコスモスとも呼ばれるように暖地では冬も咲くそうです。一般種は草丈100cm近くなりますが、写真は'イエローパレット'というほふく性の品種。

モッコウバラ

バラ科／半常緑低木／開花4～5月／つる性　トゲのない一季咲きのバラです。多花性の黄花種、花数は少なめで枝振りのやさしい白花種があります。病気や害虫に強く、生長が早いのが特徴。

ヘレボルス・ニゲル（クリスマスローズ）

キンポウゲ科／多年草／開花1～2月／草丈20～30cm　ヘレボルスの中でニゲルだけがクリスマスのころから咲きはじめ、ウメの花のような可憐な花形。小さな苗からでも大きく育ちます。

斑入りランタナ

クマツヅラ科／非耐寒性常緑低木／開花5～11月／樹高20～100cm　花木というより草花感覚で初夏から長く楽しめますが、霜で枯れるため挿し木を用意します。斑入り葉の品種は明るい印象。

プリムラ 'アラカルト'

サクラソウ科／多年草／開花11～4月／草丈20～30cm　花茎が伸びるタイプで寒い時期に貴重な存在。パンジーやクリスマスローズなどとの相性抜群です。夏越しできると翌年は大株に。

キンギョソウ 'ソネット'

ゴマノハグサ科／一年草／開花5～7月／草丈40～60cm　長い花穂に大きな花を咲かせます。茎がしっかりしているので切り花にも最適。花後には切り戻すと二番花が楽しめます。

ワタ

アオイ科／非耐寒性多年草／開花7～9月／草丈80～150cm　夏にハイビスカスに似た一日花を次々に開花。寒さに弱くて一年草扱いですが、秋にはコットンボールを収穫できます。

ヒメリュウキンカ

キンポウゲ科／多年草／開花3～5月／草丈5～10cm　イギリスなどに自生するラナンキュラスの仲間です。光沢のある花弁をぱちりと開いてかわいらしく、手間もかかりません。

花色別

ホワイト&ブラック

ピュアなホワイトからクリーム、ブラックに近い濃パープル
シックな大人色で印象的な役割を果たします。

ネモフィラ‘ペニーブラック’

ハゼリソウ科／耐寒性一年草／開花3～6月／草丈10～20cm　黒紫の花弁が白く縁取られる大人色の品種です。どのネモフィラも11月に直まきして育て、翌年からこぼれダネで咲きます。

トウガラシ‘ブラックパール’

ナス科／一年草／実の観賞8～11月／草丈40cmほど　葉も実も黒い観賞用トウガラシで、花壇を引き締めます。赤く熟した実からタネを採ってまくと、黒くなる前の緑の葉も見られます。

ヤグルマギク‘ブラックボール’

キク科／一年草／開花4～5月／草丈20～100cm（学名セントーレア）　おなじみの花の新品種で存在感があります。ヤグルマギクは自然に任せると倒れやすいので、2回ほど摘芯します。

セイヨウオダマキ‘ブラックバロー’

キンポウゲ科／多年草／開花4～6月／草丈30～60cm　白などの色違いもあるセイヨウオダマキの人気品種。暑さに弱いところがあるものの、こぼれダネからも発芽して5月の庭の主役に。

ペンステモン‘ハスカーレッド’

ゴマノハグサ科／多年草／開花5～6月／草丈30～70cm　濃い赤紫の葉や茎がつやつやしています。冬も葉が枯れないで花壇のアクセントになり、カラーリーフとして欠かせない存在です。

トケイソウ‘レッドアップル’

トケイソウ科／非耐寒性多年草／開花7～10月／つる性　ユニークな花形がお気に入り。赤い実のなる品種ですが、1株では結実しないので、2株以上を近くに植えるようにしましょう。

エキナセア‘グリーンジュエル’

キク科／多年草／開花6～9月／草丈60～100cm　エキナセアは近年、魅力的な品種が多数登場しています。夏の暑さにも負けず次々に咲いて、大株になります。花弁が散ったあとの花芯もユニークな姿。

アセビ

ツツジ科／常緑低木・小高木／開花3～4月／樹高1.5～4m　北海道以外の日本各地に自生する花木なので、育てやすい。濃い葉色で春にはベル状の小花を房にして吊り下げます。

ユキモチソウ

サトイモ科／多年草／開花5月／草丈30cmほど　近畿地方などの林の中に自生する日本固有の山野草です。仏炎苞が餅を包むようなユニークな姿。東京郊外でも日陰の地植えで栽培できます。

シレネ・ブルガリス

ナデシコ科／多年草／開花5～6月／草丈30～60cm　プクンと膨れる姿がユニーク。庭で育てているピンクのシレネたちは一年草ですが、これは越冬して草丈も大きめです。放任で殖えます。

ジューンベリー

バラ科／落葉小高木／開花4月／樹高2～10m（北米や日本原産のザイフリボクを品種改良した総称）　6月に実が収穫できるのでジューンベリーといいます。実は生食や果実酒で楽しみます。

ミヤマオダマキ

キンポウゲ科／多年草／開花4～5月／草丈10～20cm　深山（ミヤマ）というように山野草ですが、もう何年も庭で咲いています。うつむくタイプでブルー系とともに神秘的な雰囲気です。

センニンソウ

キンポウゲ科／多年草／開花8～9月／つる性　日当たりのよい山林に自生します。クレマチスの仲間で白い小花を群れ咲かせます。蒸し暑さに弱いので、葉を透かして育てます。

ニラ

ネギ（ユリ）科／多年草／開花8～9月／草丈30～40cm　野菜の花とは思えない美しさで、甘い香りがします。こぼれダネからも発芽して毎年開花。風に揺れる姿がステキです。

宿根フロックス

ハナシノブ科／多年草／開花6～9月／草丈50cmほど　大きな花房を茎頂に咲かせて、オイランソウとも呼ばれる華やかな花です。日陰でもOKですが、うどんこ病になりやすいのが難点。

ニチニチソウ‘ソワレ’

キョウチクトウ科／一年草／開花5～6月、10月／草丈40～50cm　花弁の中心から数枚の細い花弁が伸びて八重咲きになる涼しげな品種。数回刈り込むと分枝して、大株になります。

アジサイ‘アナベル’

アジサイ科／落葉低木／開花6月／樹高1～1.5m（学名アメリカノリノキ）　緑の蕾から純白の大きな花序まで魅力いっぱい。一般のアジサイと異なり、晩秋に地際10cmに切り詰めてOK。

クレマチス‘白万重’

キンポウゲ科／多年草／開花5～10月／つる性（フロリダ系）　ライムグリーンの蕾から花弁が白く変わり、散っても中心部が残って長く楽しめます。新枝に花芽ができる強剪定タイプ。

クラブアップル

バラ科／落葉小高木／開花4月／樹高1～2m　観賞用の小型リンゴの総称で、ターシャ・テューダーの庭にあったことで人気。春の花も秋の実も楽しめて果実酒やスイーツにもできます。

オンファロディス

ムラサキ科／一年草／開花3～5月／草丈30～40cm　10月ごろに直まきすると、春に可憐な花を多数咲かせます。グレイッシュな茎葉も美しく、どんな花ともよくあうのが特徴です。

オルレア

セリ科／一年草／開花5～6月／草丈10～60cm　レースのように繊細な花ですが、こぼれダネからも育つ強さがあります。わが家の庭では周囲の草花にあわせた草丈に育つ傾向です。

球根植物

bulbs

個性豊かな球根植物の花々。
植えっぱなしでも数年は楽しめるのでお得です。

ユリ

ユリ科／秋植え球根／開花6～7月／草丈50～200cm　日本には15種の自生種があり、園芸種も多彩です。大きな球根でやや高めの価格ですが、数年間は植えっぱなしで毎年咲くからリーズナブル。

ダリア

キク科／春植え球根／開花7～10月／草丈20～200cm　豪華な品種が視線をひきつけます。写真は大人色の'アンティークロマン'。暑さに弱いところはありますが、秋に長く咲く花としてもっと庭に生かしたいものです。

バイモ

ユリ科／秋植え球根／開花4～5月／草丈20～100cm　中国原産のフリチラリアの仲間。遠目には目立ちませんが、花弁内側の模様や巻きつく葉が繊細でステキです。植えたまま毎春咲きます。

パイナップルリリー

ヒヤシンス（ユリ）科／春植え球根／開花7～8月／草丈40～150cm（学名ユーコミス）　四方に広がる葉の真ん中から現れる姿は、まさにパイナップル！　シックな花房は下から咲きます。

ネリネ

ヒガンバナ科／春植え球根／開花8～12月／草丈30～60cm　春に球根を植えて秋に咲き、その後に葉っぱが出ます。東京・八王子では霜が降りる12月初めに咲くこともあります。花の少ない時期に嬉しい！

シラー・ペルビアナ

ヒヤシンス（ユリ）科／秋植え球根／開花5～6月／草丈20～40cm（学名スキラ）　目の覚めるほどきれいなブルーの小花が、径10～15cmの傘のように集まって咲きます。日当たりよい場所を好みます。

アマリリス'ガーデンオーケストラ・ビリディラスカル'

ヒガンバナ科／春植え球根／開花5～6月／草丈40～50cm　耐寒性の弱い従来のアマリリスに対して、戸外で冬越しできる品種。花つきもよく、植えっぱなしで年ごとに大株に育ちます。

スプリンググラジオラス

アヤメ科／秋植え球根／開花3～4月／草丈60～100cm　春植えで夏咲きの一般的なグラジオラスに対し、秋植えで春に咲きます。華奢な姿ながら支柱は不要で花数が多いのも特徴。

カンナ'ビューイエロー'

カンナ科／春植え球根／開花6～10月／草丈80～120cm　オレンジの花以上に、明るい黄色に緑の葉脈が浮き出る葉っぱが魅力的です。霜が降りると地上部は枯れますが、春にまた発芽します。

フリチラリア・ペルシカ

ユリ科／秋植え球根／開花4～5月／草丈60～100cm　秋に大きな球根を植えて春に開花。地味色でも草丈が高めなので存在感があります。寒さには強いですが、夏の地温上昇に弱いようです。

ラナンキュラス

キンポウゲ科／秋植え球根／開花4～5月／草丈20～40cm　ひからびた球根を急激に吸水させると腐りやすいので注意(P18参照)。芽出し球根を利用すると、早い時期からたっぷり楽しめます。

イングリッシュブルーベル(シラー・カンパニュラタ)

ヒヤシンス(ユリ)科／秋植え球根／開花4～5月／草丈20～40cm(学名ヒヤシントイデス・ヒスパニカ)　釣り鐘のような花が愛らしく、ピンクや白花の3色を群植するのも美しい。落葉樹の下でもOK。

ヒヤシンス

ヒヤシンス(ユリ)科／秋植え球根／開花2～4月／草丈20～40cm　水耕栽培や芽出し球根の利用で室内でも楽しめ、その後に地植えすると翌春に開花します。甘い香りも魅力の秋植え球根。

スノードロップ

ヒガンバナ科／秋植え球根／開花2～3月／草丈10～20cm(学名ガランサス)　積雪の中からも咲きだして春を告げる花です。小さくて愛らしい姿に似合わず強健で、手間がかかりません。

アネモネ

キンポウゲ科／秋植え球根／開花4～5月／草丈10～40cm　ラナンキュラスと同様に、球根は急激に吸水させないように植えます。小さな球根から次々に花茎が伸びて咲くのが嬉しい。

チューリップ‘オレンジプリンセス’

ユリ科／秋植え球根／開花3～5月／草丈30～70cm　チューリップは八重咲きなどの多彩な品種があり、冬から楽しめる芽出し球根アイスチューリップも。小型の原種系なら植えっぱなしで数年は開花。

ムスカリ

ヒヤシンス(ユリ)科／秋植え球根／開花3～5月／草丈10～30cm　ブドウの房のような花はもちがよく、次々に長く咲き続けます。植えっぱなしにすると葉が長く伸びるのが難点です。

ハナニラ

ネギ(ユリ)科／秋植え球根／開花3～4月／草丈15～20cm(学名イフェイオン)　ブルーや白花もあり、星形の花はチャーミングです。球根はよく殖えるので群生させると見応えがあります。

スノーフレーク

ヒガンバナ科／秋植え球根／開花3～5月／草丈30～50cm　花がスズランに葉がスイセンに似ているため、スズランスイセンとも呼ばれます。植えっぱなしでも球根がよく殖えて、和洋どちらの雰囲気にもあいます。

クロッカス

アヤメ科／秋植え球根／開花2～4月／草丈10～20cm　冬枯れた庭に出現する小さな春！　芝生の中などに植えっぱなしでも数年は毎年咲いてくれます。近縁のサフランは秋咲きです。

アルストロメリア

ユリズイセン(ユリ)科／秋植え球根／開花5～11月／草丈30～100cm　切り花として人気の花も植えっぱなしで育ちます。梅雨時に咲きだして雨に降られても、花が長もちするのも魅力です。

スイセン

ヒガンバナ科／秋植え球根／開花2～4月／草丈20～40cm　小型の品種‘テータテート’などは鉢植えに植えっぱなしでも数年は咲いてくれます。明るい黄色や白の花が春の訪れを告げるようです。

リーフプランツ

leaf plants

花を引き立て、地面をカバーして花にも負けない存在感で庭をナチュラルに仕上げます。

フォックスリータイム

シソ科／常緑低木／開花5～7月／樹高10～20cm　葉が白く縁取られ、新葉も白く美しい斑入りタイムです。多湿を嫌うので風通しのよい場所に植え、根詰まりしないように植え替えます。

ハツユキカズラ

キョウチクトウ科／常緑低木／つる性　テイカカズラの園芸品種です。新芽がピンクに染まり、やがて白から緑へ変化する姿が美しい。テイカカズラに比べるとコンパクトで、秋には紅葉も。

ヒューケラ

ユキノシタ科／多年草／開花5～6月／草丈20～50cm（和名ツボサンゴ）　葉色の多彩な品種があり、暗い葉色は花壇を引き締め、明るい葉色は日陰でさえます。切り花に添えてもステキ！

ロータス‘ブリムストーン’

マメ科／やや木質化する多年草／開花5～6月／草丈60cmほど　新葉は明るいクリーム色を帯びてやわらかな雰囲気。大きく育ってペールピンクの花も咲きます。地植えでも冬越しOK。

コリウス

シソ科／非耐寒性多年草／開花6～10月／草丈20～70cm　挿し木で殖やす栄養系には多彩な品種があって、花に負けない存在感を発揮します。伸びたら切ってを繰り返してこんもりと仕立てます。

斑入りツルニチニチソウ

キョウチクトウ科／常緑亜低木／開花4～5月／つる性（学名ビンカ）　黄や白の斑入り品種があり、ブルーや白の花を開花。日陰にも強く、地面に触れると根を出すので、刈り込んで育てます。

コクリュウ

ユリ科／多年草／草丈20cmほど（学名オフィオポゴン）　オオバジャノヒゲの黒葉品種です。夏に房状の小さな花を咲かせ、秋に実を熟します。半日陰や乾燥にも耐え、ほぼ常緑です。

オウゴンテイカカズラ

キョウチクトウ科／常緑低木／つる性　テイカカズラの園芸品種で、オウゴンニシキとも呼ばれます。緑葉に黄色の斑が入り、新葉はオレンジに染まるトリカラーで、遠くからでも目立ちます。

パンパスグラス

イネ科／多年草／開花9～10月／草丈1～3m　小型の品種が登場して家庭でも楽しめるようになりました。秋に伸びでる花穂が美しく存在感があり、風に揺れる葉も風情があります。

サマーポインセチア

トウダイグサ科／一年草／草丈20～30cm　小さな花の下の苞が赤く染まるユーフォルビア。こぼれダネで毎年育ち、葉がバイオリン形になる前なら移植できます。タネまきは5月に。

ハンゲショウ

ドクダミ科／多年草／開花6～7月／草丈50～120cm　葉に入る白斑が涼やかな印象です。日当たりを好み、乾燥を嫌いますが、適した場所に地植えするとダイナミックに育ちます。

スウェディッシュアイビー

シソ科／非耐寒性多年草／開花8～12月／草丈15～20cm　観葉植物で知られるプレクトランサスのヌンムラリウスという種類。寒さに弱いので室内で冬越しさせます。旺盛に伸びる茎は挿し木にできます。

ローズマリー

シソ科／常緑低木／開花2～11月／樹高20～200cm　立性とほふく性の品種があり、日差しや乾燥に強くて生育旺盛です。生やドライの葉を肉料理に使うなど、利用価値の高いハーブ。

ワイヤープランツ

タデ科／常緑低木／つる性　原産地ニュージーランドなどでは垣根や、マット状に茂らせてカバープランツにするほど丈夫です。生長が早いので、株の内側が蒸れないように切り戻します。

セダム

ベンケイソウ科／一年草～多年草／開花は種類によって／草丈5～60cm　多くは乾燥に強く、写真の種類パリダムのように密生してカバープランツに向きます。切り取った茎は簡単に活着して増殖。

シュガーバイン

ブドウ科／非耐寒性多年草／つる性（学名パルテノシッサス）　観葉植物として流通しますが、春～秋は戸外でも栽培できます。葉焼けさせないように半日陰に置くと、つるをぐんぐん伸ばします。

斑入りヤブラン

スズラン(ユリ)科／多年草／開花8～10月／草丈20～30cm（学名リリオペ）　暑さ寒さに強く常緑性。日陰でも育って株分けで殖やせます。花の少ない時期に咲く穂状の花も魅力です。

ムラサキオモト

ツユクサ科／非耐寒性多年草／草丈20～30cm　葉裏が鮮やかな紫色で、ストライプの模様が入る品種もあります。寒さに弱いので霜が降りる前に室内へ入れ、観葉植物として楽しみます。

ハトスヘデラ

ウコギ科／常緑低木／半つる性（学名ファトスヘデラ）　ヤツデとアイビーの交配で誕生。両者なみの耐寒性や耐陰性があります。写真は白斑入りの品種で、薄暗いシェードを明るくします。

斑入りグレコマ

シソ科／多年草／開花4～5月／草丈5～20cm（和名斑入りカキドオシ）　ギザギザの葉がかわいらしいカバープランツ。土がないような場所でも這うように広がり、株分けできます。

アイビー

ウコギ科／常緑低木／つる性（学名ヘデラ）　這うように広がり、あるいは壁面や樹木を伝いのぼります。鉢植えや花壇の縁取りに植えると、ナチュラルな一体感を演出できます。

日陰OK!の植物

半日陰や周囲の明るい日陰、落葉樹の下のような日陰なら意外なほど豊かなバリエーションが楽しめます。

アジュガ

シソ科／多年草／開花4～5月／草丈10～30cm　半日陰でもよく咲いて、ピンクとブルーの花を混植するとステキです。ブロンズや斑入り品種の葉も魅力的で、ランナーを伸ばして子株を殖やします。

カリガネソウ

クマツヅラ科／多年草／開花8～9月／草丈60～150cm　7月下旬に切り戻して草丈を抑えます。ユニークな花形でボリュームたっぷりに咲きますが、独特の臭いがあるので、好みがわかれるかも。

カンパニュラ‘アルペンブルー’

キキョウ科／多年草／開花5～6月／草丈30cmほど　カンパニュラ・ポシャルスキアナの園芸種です。小輪多花性で星をちりばめたように咲きます。冬も緑の葉が残ってカバープランツに。

ミヤコワスレ

キク科／多年草／開花4～5月／草丈30cmほど　薄紫のほかにピンクや白花もあり、混植するとかわいらしい。半日陰で育てたほうがきれいな花色に。切り花でも花もちがよくて重宝します。

ブルンネラ‘ハドスペンクリーム’

ムラサキ科／多年草／開花4～6月／草丈40cmほど　ハート形の葉にクリーム色の斑が入ります。ワスレナグサに似たかわいい花を咲かせますが、花のない時期も、明るい雰囲気のカバープランツです。

ルリマツリモドキ

イソマツ科／多年草・低木／開花6～10月／草丈30～60cm　涼しげなブルーの小花を次々に長く咲かせます。冬は地上部が枯れるので、存在を忘れたころに一気に生長する手間いらず。

ホトトギス

ユリ科／多年草／開花7～11月／草丈30～100cm　日本にも自生種がありますが、蒸し暑さに弱くて葉が傷みます。春から何度も切り詰めると、花数も多くて葉の傷みも目立ちません。

ホタルブクロ

キキョウ科／多年草／開花5～7月／草丈30～60cm（学名カンパニュラ・プンクタータ）　蕾がつく前に切り詰めて草丈を調節します。野山に咲く自生種のようにナチュラルな雰囲気です。

タイツリソウ‘バレンタイン’

ケシ科／多年草／開花4～5月／草丈30～60cm（別名ケマンソウ）　花色が白やピンクの従来種に対して、深紅の品種で茎葉もブロンズを帯びます。夏に茎葉が傷んでも翌春に発芽。

シュウメイギク‘ダイアナ’

キンポウゲ科／多年草／開花8～11月／草丈30～80cm　ピンクの萼片と黄色のシベが引き立てあう品種。花後に残る緑の花芯もかわいい。残暑のうちから秋の訪れを知らせてくれる花です。

アンゲロニア

ゴマノハグサ科／非耐寒性多年草／開花6～10月／草丈40～60cm　暑さの中で次々に紫やピンクや白花を咲かせ、切り戻すとまた開花。寒さに弱いので一年草扱いですが、タネまきも挿し木も簡単です。

フクシア‘エンジェルス・イヤリング’

アカバナ科／常緑低木／開花6～11月／樹高30～150cm　夏越しのむずかしい植物ですが、日本で改良されたこの品種は暑さ寒さに強く、日陰に植えっぱなしOK。挿し木でもよく殖えます。

アスチルベ

ユキノシタ科／多年草／開花6～7月／草丈30～90cm　開花期が長くて楽しめます。わい性の品種もありますが、一般種は草丈80cmほどになるので花壇の奥に植えるとよいでしょう

チョウジソウ

キョウチクトウ科／多年草／開花5～6月／草丈60cmほど　涼しげな青紫の小花を多数咲かせます。花のない時期も美しい株姿が特徴。暑さ寒さに強くて、株分けでよく殖えます。

サンパチェンス

ツリフネソウ科／非耐寒性多年草／開花5～11月／草丈40～80cm　インパチエンスの仲間による交配種で、大株に育って多くの花を咲かせます。写真の‘斑入りホワイト’は日陰を明るく彩る品種。

クリスマスローズ

キンポウゲ科／多年草／開花12～4月／草丈30～60cm（学名ヘレボルス）　2月ごろからガーデンハイブリッドの八重咲き品種などが咲きます。花に見えるのは苞なので散らずに長く楽しめます。

ビオラ

スミレ科／一年草／開花10～5月／草丈10～20cm　園芸書には日当たりを好むとありますが、日陰でも写真のような花つきです。パンジーも咲きますが、ビオラのほうがより日陰に強い。

プリムラ‘ウインティー’

サクラソウ科／一年草／開花12～5月／草丈30cmほど　プリムラ・マラコイデスの園芸品種で、寒いうちからやさしい花色や草姿が楽しめます。クリスマスローズなどと相性ぴったり。

ユーフォルビア‘ダイアモンドフロスト’

トウダイグサ科／非耐寒性低木／開花5～10月／樹高30～50cm　初夏から休まず咲き続けて大株に育ちます。暑さには強いものの寒さに弱いため、霜が降りる前に刈り込んだ株を室内へ。

カラミンサ

シソ科／多年草／開花5～9月／草丈15～40cm　白（ネペタ）やピンク（グランディフローラ）の小花がふわっと咲いて芳香がします。かなり暴れる草姿なので、適当に切り詰めて。

ちょっとひと手間
手仕事遊び❸

空き缶やビンのリメイクコンテナ

ツナ缶は底に穴をあけて、おしゃれな浅鉢です。

いろんなものを捨てずに、工夫して再利用するのが趣味です。たとえば空き缶やビンもリメイクしてコンテナにします。ふだんコンテナを買うときは、冒険的な色やデザインは選べないので、リメイクでは市販のコンテナにないようなイメージを狙ってみました。名づけて『ピンクのキラキラリメイクコンテナ』です！

ざらざらした手触りで甘いピンクがキラキラしています。このテイストが多肉植物にぴったりで（P109参照）、雨や直射日光に当たっても大丈夫です。リサイクルに出す前に、缶やビンをおしゃれに変身させましょう。

マスタードなどの空きビンをリメイクして、セダムなどの多肉植物を植えています。ビン底には砕いた発泡スチロールを敷いて多肉植物・サボテン用の専用用土で植えつけ。水やりを控えめにすれば、底穴がなくても大丈夫。

つくり方

［写真❹］空き缶やビンにスプレーを吹きつけて塗装。乾いたら、ラメ入りのピンクのマニキュアで色を足します。ところどころにアクリル絵具で金茶色を加えるとアンティーク風に。
［写真❺］さびた鉄線を巻きつけます。

用意するもの

［写真❶］ざらざらした石肌のような質感や色に仕上がるアクリル樹脂塗料。スプレーで塗装しやすく、一般のペンキは使えないガラスでもOK。
［写真❷］空き缶なら写真のサンマの蒲焼缶やツナ缶のような浅いものが多肉植物向き。フタでディスプレイの角度をつけます。
［写真❸］さびさせてよりあわせた鉄線（詳細はP26参照）。

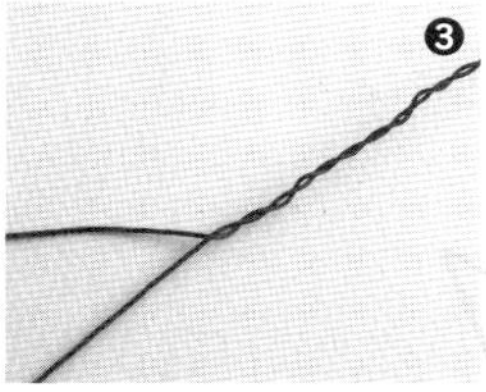

④章 秋

お得で手軽な育て方や殖やし方

人も植物も息を吹き返す秋。園芸店で花苗を買ってきてコンテナや花壇に植えるところから、ガーデニングは始まります。その花後にこぼれたタネから翌年また花が咲いたら、「ラッキー！」と喜ぶでしょう。多年草は株分けしたり、切った茎を水や土に挿したら、どんどん殖えることに気づきます。こうして園芸愛好家は欲深くなり、タネを自家採取したり挿し木することに夢中になるのです。挿し木を生かした多肉タブローや寄せ植えのリメイクまで、お得で便利なワザがいろいろあります。

idea 29

紙コップやお茶パックで楽々タネまき

紙コップだけで鉢上げ不要

タネまきをやってみたいなと思っても
時間やスペースがないと諦めていませんか?
実は紙コップやお茶パックを使って
必要な分だけ手軽にタネまきができます。
苗床から鉢上げする手間も省けるので
忙しい方におすすめの楽々タネまき法です。

ここがポイント!

[写真上2点]紙コップにビオラの微細なタネを1粒まいて発芽したところ。直径9cmのポリポットと同じくらいの紙コップなので、培養土を増し土するだけで定植まで育てます。
[写真下]増し土した下の根鉢は根張りがよくて生育が早い(タネまき・育苗の詳細はP70)。

移植嫌いが喜ぶお茶パック

お茶パックにまいたスナップエンドウのタネが発芽(上)。苗を安定させる増し土をして10日ほど経過。セルトレー並みのコンパクトスペースで、移植嫌いのエンドウを定植まで育てられます(左)。

お茶パックで苗の生長はバツグン。パックを破いてそのまま定植したら鈴なりの実つきに(詳しくはP70参照)。

遅霜の心配がなくなってから植えつける苗は、無暖房の室内の日当たりよい場所で管理します。

4月中旬、草丈20cm以上に伸びた苗。外の気温に慣らしてから花壇に定植します。

5月下旬、黄色の花が次々に咲いて、小さな実がなりはじめています。

3月初旬、ミニトマトの双葉に続いて本葉が顔を見せています。ドキドキして待っていた発芽は、タネまきした人だけが味わえる園芸の醍醐味です。

idea 30 オベリスクの笠がけトマト

花壇のアクセントとして、オベリスクに誘引しているミニトマト。梅雨の長雨で実が割れるのを防ぎたいと、傘をさしてみました。オベリスクのてっぺんに差し込むだけで、笠がけ地蔵ならぬ笠がけトマトは効果絶大！

6月下旬、房状のたわわに実ったミニトマト‘アイコ’が赤く色づいてきます。後方の2株は‘イエローアイコ’です。

キヨミ流タネまき・育苗・タネ採り

鉢上げの手間をかけずにタネまきのメリットを満喫

植物をタネから育てると、安上がりで愛着がわき、苗では流通していない幅広い品種が育てられるというメリットがあります。家庭にある紙コップやお茶パックを利用して、タネまきに挑戦してみませんか。

一般的なタネまきは、セルトレーなどにタネまき用土を入れてタネをまき、本葉4～5枚で培養土を入れたポリポットに鉢上げして育苗します。けれども、紙コップやお茶パック栽培では、鉢上げする手間をかけません。ピンセットで幼苗をつまんで移植したり間引くことなく、花壇やコンテナに定植するまで育てます。

必要なだけタネまきするので、苗が多くできすぎることもなく、場所もとりません。紙コップやお茶パックは安価で入手しやすく、苗の生長がよいから早く定植できるのも特徴。コップやパックを破いて、苗の根鉢をくずさず簡単に定植できます。

微細なタネを発芽しやすく幼苗をしっかりさせる

紙コップとお茶パックのタネまき方法は同じです。どちらも培養土の上にタネまき用土を足すのは、タネまき用土が清潔で肥料分がないのに加え、粒子が細かくてタネが深くもぐらずに発芽しやすいからです。

一般的なタネまきでは、鉢上げすることで根を密に張らせてがっしりした苗を育てます。が、鉢上げしない紙コップなどでは、ひょろひょろしやすい幼苗のまわりに培養土を足すことで、苗をしっかり安定させます。68ページのポイント写真で、増し土の割合や根張りが分かります。

お茶パックのタネまき手順

1 お茶パックは底にマチのあるものが安定します。パックは裏返してタネをまく植物名やタネまき日を記入。

2 培養土を半分ほど入れ、タネまき用土を1cmほど足します。水を入れたトレーにパックを並べ、土を十分に湿らせます。

3 ビオラのように細かいタネは湿らせた竹串などに1粒ずつ吸着させてまきます。

紙コップもお茶パックも用土は半分ほどの量に！　発芽した苗を安定させるため、あとで培養土を足す（増し土）分をあけておきます。

タネまき・育苗のコツ

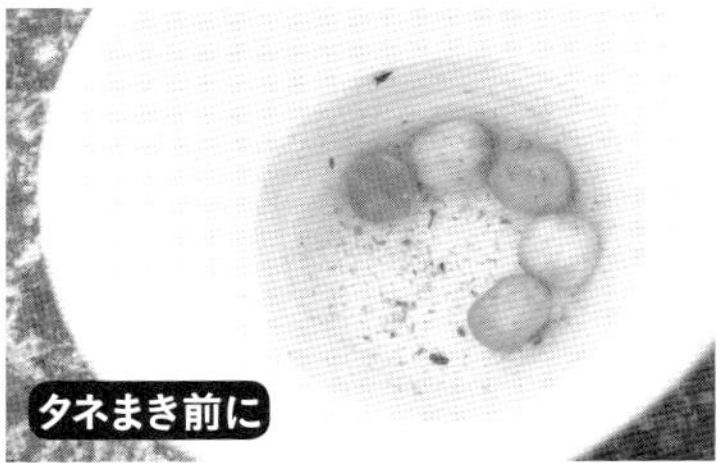

スナップエンドウのように外皮がかたくて発芽しにくいタネは、一晩前から水につけてやわらかくしておきます。

タネまき後は水を切らさないように気をつけます。春まきでは発芽まで適温を保ち、乾燥させないようにビニールなどで覆っても。

タネまき直後はタネが流されないように、発芽直後は幼苗が倒れないように、水やりはそっとします。噴霧器を使うのもよいでしょう。

idea 31

タネ採り名人を目指そう

草花のタネはそれぞれ個性的。庭に咲いた花のタネを採取して、来年もまた花を咲かせましょう。

セリンセ

苞が大きくて下向きなので、花房を持ち上げてタネを確認。このままだと熟したタネが落ちてしまうため、ストッキングタイプの水切りネットをかけ、ビニタイで結んでおきます。ネットの底に集まる黒いタネは大きくて、タネまきも簡単です。紙袋に入れて冷蔵庫で保管して、10月中旬に直まきします。寒さに強いから秋まきできて丈夫な優等生です。

ビオラ

花の陰には咲き終わった花がもうタネを結んでいます。タネに養分をとられると次の花が咲きにくいので、通常は花がら摘みをします。が、株が充実している時期に1株あたり2〜3花に水切りネットをかけて採種します。サヤが弾けてタネが飛び散る前に。

シレネ

タネは二重の殻に入っています。タネが完熟した採種の時期を見極めるには、外側の薄皮をむいてみましょう。中にある少しかたい殻が緑色から茶色になったら、採種します。株をまとめて刈り取り、紙袋へどさっと入れて乾かします。時間があるときに茎から外してタネを取り出しましょう。こぼれダネからも育つ丈夫さで、10〜11月に直まきできます。

ヤグルマギク

咲き終わった花からタネができるので、採種するタイミングを見極めます。白丸で囲ったように、タネのつく丸い部分も茎も茶色くなった状態がベスト。梅雨前に採種して、丸い部分をほぐすとイカのような形がユニークなタネです。こぼれダネからも発芽するたくましさ。

idea 32

タネ交換で広がる花友の輪

[写真右]採種したタネは使用済み封筒などに入れて冷蔵庫や冷暗所で保管します。タネは生きものだからビニール袋でなく紙袋で保存。[写真左]植物名を明記した開花写真とタネをビニールの小袋で差し上げれば、なんのタネか一目瞭然。

ほんの数株の草花からもタネは大量に採れます。長期保存できるとはいえ、1年ごとに発芽率は悪くなるので、余ったタネは交換して花仲間の輪を広げませんか。私のブログではタネが欲しい方を募って抽選でお分けしています。ただし、登録された指定品種のタネは交換できないのでご注意を。

idea 33

お得で手軽な直まき&こぼれダネ

直まきでナチュラルに混じる

木道の右側はほぼ直まきした一年草が埋めています。手前から白い小花のオンファロディス、オルレア、ピンクのシレネ。水色のネモフィラはこぼれダネから生えています。

花壇にこぼれたタネから
翌年もたくさん花が咲くことがあります。
だったら花壇に直接タネをまいてみましょう！
ダメ元で試した直まきは意外に発芽率がよく
がっしり育って、ナチュラルな雰囲気。
狭い場所でも楽しめます。

こぼれダネで咲くネモフィラ・マクラータの中に直まきしたピンクのシレネがナチュラルに混じります。

こぼれダネで翌年も咲く！

こぼれダネから毎春咲くネモフィラ・マクラータと水色のネモフィラ‘インシグニスブルー’は、苗を植えるより自然な混じり方に。ツンツン生えているのはヤグルマギク。

ポット苗を植えてから毎年咲くカレンジュラ‘冬知らず’。寒さに強くてどんどん広がるので、場所を限定して育てます。日光が当たらないと花弁を開かない（写真下）お日様好き！

idea 34

狭い場所で楽しめる直まき

わずかなすき間を見つけて花や野菜を育てるのがマイブームです。土を改良して花や野菜のタネをまいて育てると、開拓者のような気持ちになります。ポット苗を植えるには狭くても直まきなら大丈夫！（下左）　芝生を剥がしたわずかなスペースも彩ります。

レンガ積み花壇に沿って奥行10cmほど芝生の根を切り、スコップで掘り起こします（下右）。シバを取り除き、牛ふん堆肥を混ぜた培養土を入れ、タネまき用土を厚さ2cmほど敷きます。水でよく湿らせて、シレネのタネをまくだけ。

直まき＆こぼれダネで庭を彩りたい

育苗管理の手間を省き　狭い場所でナチュラルに

　直まきとはポットや花壇にタネを直接まいて、鉢上げなどの手間を省く栽培法で、忙しい方にぴったり。自家採取したタネなら、ダメ元で試してみようかと思いませんか？　私は珍しい品種や少量しかないタネも、セルトレーより水切れさせにくいポットに直まきしています。

　苗を植えつけるには狭いスペースでも、直まきならタネから植物を育てられます。小道の脇や敷石の間、フェンスの際などで、自然に生え出たような感じになるのも嬉しい！　球根や多年草が植えてあるそばに、一年草のタネを直まきすれば、ナチュラルに混じりあってステキな景色ができます。花色が異なるネモフィラの品種を混ぜたり、オルレアとオンファロディスのような白花同士を混ぜるなど、楽しみ方はいろいろ。

数種類を混ぜるときは　草丈や開花期に注意して

　こぼれダネから育つ花はほとんど直まきOKです。リムナンテス、ヤグルマギク、セリンセ、コリンシア、カレンジュラ、ハナビシソウ、ルピナス、スイートピー、ニゲラなどもおすすめ。ただ、数種類を混ぜてまくにはコツが必要です。草丈の高いものの後方に低いものをまいてしまうと、低い草花の日当たりが悪くて花も見えにくくなります。種苗カタログなどを見て草丈に気をつけましょう。また、開花期もできるだけそろえたほうが無難です。開花期が異なる草花同士だと、片方が枯れてしまうこともあるので、開花期のデータはメモしておきます。

ポットに直まき

[写真上]発泡スチロールの箱にポットを入れ、底から吸水させたら水切れしないで上手に育ちます。
[写真右]培養土の上にタネまき用土を薄く足すと、タネが深くもぐらなくて発芽しやすい。

花壇に直まき

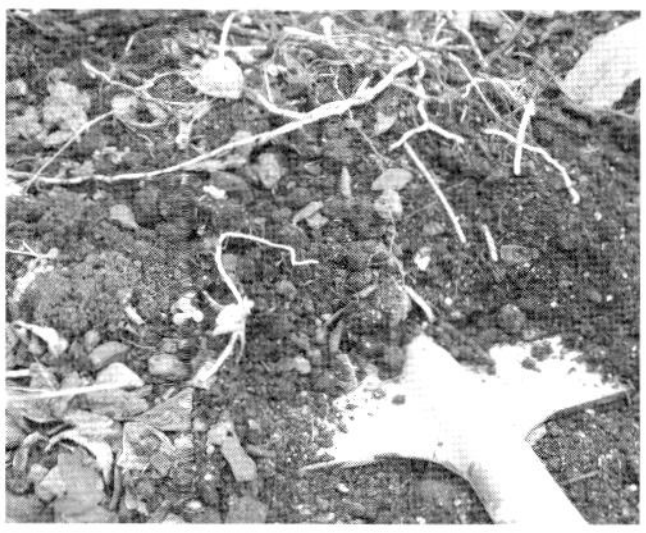

[写真上]雑草や枯れた植物の根などは取り除いて、牛ふん堆肥（または緩効性化成肥料）や培養土を入れて耕します。
[写真右上]平らにした上にタネまき用土を厚さ2cmほど敷き、水をまきます。

草丈の高い草花を奥に、低いものを手前に配置を決めます。ナチュラルな雰囲気にするためには、直線ではない区分けがおすすめです。タネは重ならないようにパラパラとまいて、ノズルを噴霧機能にしたホースで発芽まで毎日水やり（カラー開花写真はP5左下）。

こぼれダネもコントロール ムダにしないで生かそう

こぼれたタネから思いがけずに翌年も花が咲くと、得した気分で嬉しくなります。わが家の庭ではカレンジュラやネモフィラなどが、手間もかけないのに病害虫の被害もなく、毎年生え広がってたくさん咲きます。苗から育てるのとは違うナチュラルな雰囲気が大好きです。

でも、あまりに密生してしまうと蒸れやすくなるし、あちこちで咲くとごちゃごちゃしてしまいます。咲かせるゾーンを区切り、それ以外の場所から生えたり密生しすぎたら、幼苗のうちに掘り上げて移植するとよいでしょう。

タダで手間なく殖えた苗も別の花壇に飾ったり、寄せ植えにもフルに利用します。それには幼苗のうちから「これはカレンジュラの苗」とわかることが大事です。雑草などと見分けられるように観察しましょう。

ここがポイント！

こぼれダネ苗の移植

こぼれダネから生えたネモフィラ。密生しすぎた苗をスプーンで掘り上げると、近くの幼苗の根を傷めません。本葉5〜6枚の若い段階で移植することで、成功率が高くなります。

idea 35 ポストイットでタネまきフラッグ

花壇にタネを直接まくと、どこにまいたか分からなくなります。爪楊枝にフィルム付箋（ポストイット）を巻きつけたタネまきフラッグをつくりましょう！　タネまきするのが一段と楽しくなります。

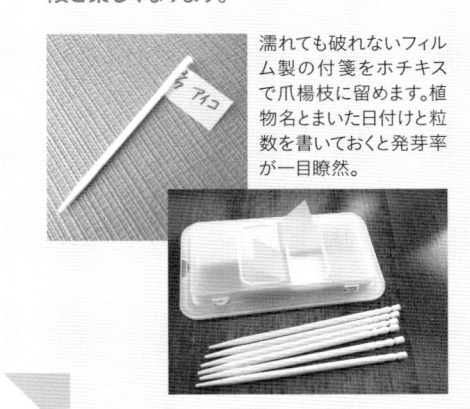

濡れても破れないフィルム製の付箋をホチキスで爪楊枝に留めます。植物名とまいた日付けと粒数を書いておくと発芽率が一目瞭然。

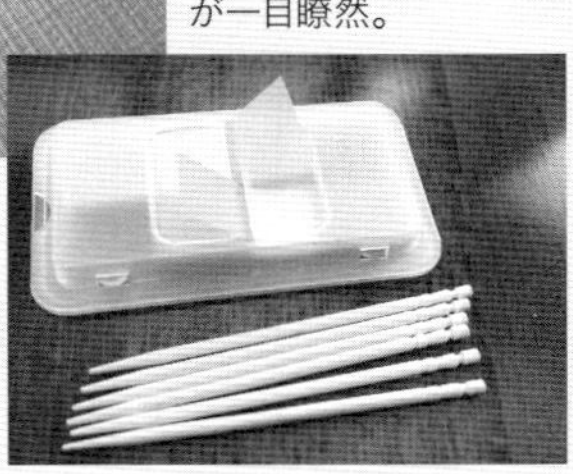

idea 36 直まきを丈夫に育てるコツ

セルトレーなどにタネまきした苗と異なり、直まきした幼苗はヒョロヒョロしがちです。グラグラして倒れることもあるので、本葉が出そろったころに苗の周囲に培養土を足しましょう（増し土）。この手間をかけるだけで、頼りなかった苗がしっかり育ちます。

増し土をして元気に育つスイートピーやセリンセ。

ひょろっとしたセリンセの幼苗まわりに培養土を足し寄せます。

idea 37

便利なチョイ足し育てに挑戦しよう

葉色のバリエーション豊富なコリウスは、育て方もいろいろ楽しめます。こんもり仕立てるために切り戻した茎も、捨てずに使うお宝もの。便利な挿し木を覚えたら、花木や多年草がどんどん殖やせます。

before

＋

［写真上］切り戻したコリウス‘バーリー’を室内で水に挿して発根させた挿し木苗。
［写真左］コリウス‘レモン’と苞が赤く色づきはじめたサマーポインセチアを中心にした寄せ植え。

＝

after

狭いスペースでも植えやすいコリウス‘バーリー’の挿し木苗を寄せ植えに足すチョイ足し育て。土が隠れてメリハリがつき、サマーポインセチアの苞と統一感も出ます。

オレンジ、黄色、黒のコリウスをアクリル絵具を塗った素焼き鉢で茎挿し。水切れしないように日陰に置いて、20日で根が出たコリウスのハロウィン風仕立てです。

コリウスの挿し木苗で秋色飾り

水挿しして発根させたコリウスなら詰め気味に植えられるので、リース型のハンギングバスケットをカラフルに彩って秋を迎えます。

初夏の花木もどんどん殖やせる

[写真左上]緑の蕾から白い花房まで楽しませてくれるアジサイ‘アナベル’。頭でっかちだから雨風で傷みやすい花茎は茎挿しします。

[写真左]葉色の変化も花も魅力的なシモツケ‘ゴールドフレーム’は茎挿し成功率80%（詳細はP79）。

クセになるほどおもしろい挿し木を極める

切り戻した茎で殖やせる
チョイ足し育ては重宝

　夏から庭やコンテナで〝いい仕事〟をしてくれるコリウス。9月上旬まではひたすら茎を切り詰めて分枝させ、葉を殖やしてこんもりした草姿に仕立てます（30ページ参照）。切り戻した茎はもちろん捨てないで、コップの水や赤玉土などに挿します。すると10～20日で発根！　この挿し木を覚えると、お金をかけなくても楽しみ方の幅が広がります。

　挿し木は多くの植物が旺盛に育つ梅雨時や秋が適期です。77ページで紹介したハロウィン風仕立てを思い立ったのは10月初旬で、気温が下がってきても根がちゃんと出るかハラハラしましたけどセーフ！　朝の少しの時間を見つけては水やりをしながらこんなことをしています。

　コリウスは秋になると一段と葉色がきれいになります。ただ、葉の個性が強いために、うるさい印象になってしまうことも。挿し木苗を利用した〝チョイ足し育て〟なら、市販の苗より小さいのでバランスよく楽しめるのではないでしょうか。

　日陰の花壇にもう少し色が欲しいなと思うときなども、コリウスの挿し木苗が重宝します（45ページ参照）。家で調達できる材料なので、思い立ったら作業できるのも便利です。

idea 38

三度おいしい！
茎挿しの楽しみ方

園芸愛好家の多くはタネを採ったり、球根を分球・肥大させたりするお得感が大好きでしょう。茎挿しはそれ以上の楽しみがあります。まず、傷んだ茎葉を切り戻したり、暴れた株姿を整えて気分がすっきりします。切った茎葉はグラスに挿して、観葉植物として卓上を飾ります。発根した挿し木苗は鉢に植えれば、新たな1鉢が庭を彩って三度もおいしい！　と思いませんか。

新たな1鉢

発根したコリウス‘ときめきリンダ’は赤紫の濃淡が映えるよう、白いコンテナに斑入りのグレコマと植えて秋遅くまで楽しみます。

株の整枝

小さな葉がたくさん出ている茎の上、大きな葉の下をカットします。この小さな葉を充実させて育てるとこんもりした株姿になります。

卓上の飾り

葉色のきれいなコリウスなどをおしゃれなグラスで水挿し。夏は水が腐りやすいので毎日水を取り替え、半月もすると根がびっしり。

いろんな植物を試して狭いスペースを彩る

市販のコリウスにはタネで殖やす実生系と、挿し木で殖やす栄養系があり、栄養系のほうが品種豊富で大きく育ちます。ほかにもバジルなどのハーブ（42ページ参照）や、アジサイなどの花木、ミヤコワスレやマルバストラムなどの多年草と、挿し木で殖やせる植物は種類豊富です。

梅雨の長雨で蒸れそうな植物は剪定をかねて、さっそく試してみてください。暑い夏を乗り切って無事に発根した挿し木苗たちは、かわいくてたまりません。秋からのシーズンに定植します。

なにしろ根鉢がコンパクトだから、寄せ植えや狭いスペースでも使いやすい！　小鉢やリース型バスケットなどの植えつけにぴったりです。近ごろ人気のプラグ苗と同じように手軽に使えます。

赤玉土に挿して発根させたコリウス。このくらい根が伸びていると移植するのも安心です。

コリウスの切り戻した茎を水に挿しておくだけで発根。こんなにモシャモシャにならなくても、定植できます。

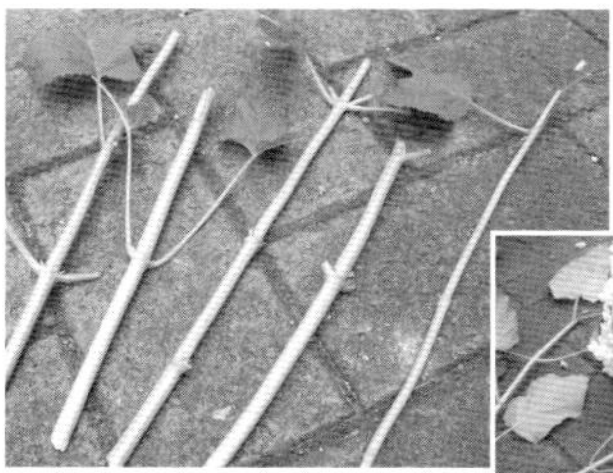

花や葉を取り除いた挿し穂は、日陰で1日水揚げしてから用土に挿します。水を張った鉢皿を敷いて乾かさないように管理。私がやってみた成功率は80％くらいです。

明るい葉色が美しい'ゴールドフレーム'は、切り戻してもう一度花を楽しみます。切った枝から花がらや葉をほぼ取り除き、1日水揚げしてから挿し木しましょう。

茎挿しのやり方

P13に紹介したミヤコワスレ。花が一斉に終わったので切り戻した茎を挿したら、なんと100％の成功率！

ミヤコワスレの花が終わった茎のしっかりしたものを選び、葉を少しだけ残して切りそろえます。

挿し穂は一晩水揚げしておきます。赤玉土の小粒をポットに入れてよく湿らせます。

割り箸などで用土にあらかじめ穴をあけて、挿し穂を挿していきます。

鉢皿などを敷いて底から吸水させ、涼しい場所で管理。茎がグラグラしなくなったら発根しています。

受験生が喜ぶ “落ちない多肉タブロー”

フラットな陶板に植えているのに落ちない多肉植物。板に描く絵画のタブローみたいで、受験シーズンに喜ばれそう（つくり方はP83参照）。

idea 39

多肉植物の茎挿し縁起物飾り

ぷっくり膨れた茎葉に水分を蓄え
暑さや乾燥に強い多肉植物。
造形的な姿形がキモカワイイと人気です。
小さな子株や葉っぱ一枚から殖えるので
お得感たっぷり！　茎挿しすれば
クラフト感覚で多彩な楽しみ方ができます。

年末のプレゼントに “多肉deおせち”

多肉植物は寒くなると赤みを帯びてあでやかになる品種があります。それらを中心に和風の器にオーナメントと飾ったおせち風の寄せ植え。

地植えで育てる多肉ガーデン

乾燥地帯に生える多肉植物は、一般に「水を控えて軒下で育てる」とされますが、地植えに挑戦してみた多肉ガーデンです。1月に植えつけたタイトゴメなどのセダムは、春の長雨を経て大きく生長。ミニチュアのオーナメントを添えたり、雨に濡れる美しさにも触れてみて。

おしゃれな多肉アソート

多肉植物は茎挿しで簡単に活着(発根)するので、小さな器に詰めぎみに挿しても大丈夫。手作りの卵形コンテナ(右)や浅いブリキ容器(上)はどちらも底穴なしで、水は少なめに間隔をあけて与え、多彩な多肉植物を育てます。

キモカワイイ多肉植物と遊ぼう

ユニークな姿形をクラフト感覚で飾ってみる

多肉植物はサボテンの仲間で乾燥地に育ち、茎葉や根に水分を蓄えるためユニークな姿形が特徴です。造形的で植物離れしたようすが、ちょっとキモイけどカワイイ!と、人気があります。葉色の美しい多彩な品種があるので、コレクションするのも楽しみです。

品種によっては1枚の葉っぱからでも増殖できて、挿し木や子株の株分けなども簡単。元手をかけずに殖やせるお得感たっぷりなので、ついついハマってしまいます。その挿し木苗や子株を使えば、小さな器に盛りだくさんのデコレーションもできて、クラフト感覚で遊べます。

また、乾燥や暑さに強いだけでなく、寒さにも意外に強い品種が多く、地植え実験の結果、雨に濡れても大丈夫。一般的な草花より生長がゆっくりなので手間がかからず、育てやすく感じるのではないでしょうか。

丈夫で手間がかからない忙しい人でも安心!

たいがいの多肉植物は、草丈が伸びて草姿が乱れたら切り詰めると、そこから複数の芽が伸びだします。切り取った茎葉は挿し木できますし、そのへんに放っておくだけで発根する品種もあります。

東京郊外・八王子のわが家では地植えもできますが、長雨などの過湿や冬の寒さでダメになる品種もあるので、軒下に取り込んだり挿し木や子株で増殖しておくのがおすすめです。肥料などの心配もなく、お日様によく当てれば元気なので、忙しい方でも安心して育てられます。

子株の株分け

2

3

1 苗を買ったときから子だくさんの多肉植物センペルビウム。ポットからこぼれそうな子株を切り取って株分けします。
2 サボテンや多肉植物用の培養土もありますが、水はけがよい粒状培養土でもOK。子株をひとつずつ小鉢に植えつけます。
3 植えつけ後、1週間〜10日は水やりを控えたほうが活着しやすいようです。手のひらに2鉢のるほどのサイズがかわいらしい。
応用 セダム・ヒスパニクムの中に、同じ仲間のプクンとした乙女心などを挿して混植。地植えで雨に当てても大丈夫です。

秋に整枝をかねて室内用に仕立てなおす

一般的な草花より生長がゆっくりな多肉植物も、晩秋には草姿が乱れたり霜で傷んだりします。そんなときは茎葉を切り詰め、整枝しながら挿し木で遊ぶのにグッドタイミング。防寒をかねて室内で楽しむ仕立て方を工夫するとよいでしょう。

寒さに弱い種類で窓辺を飾る箱庭(写真左)をつくったり、タブローや寄せ植えはいかがですか? 晩秋には紅葉する種類も多くて楽しめます。

コンクリートの型枠・コンパネ(30×60cm、深さ5cm)に多肉植物・サボテン用培養土を入れ、アエオニウム黒法師やセンペルビウムなどを植えつけた箱庭(上)。クリスマス用のオーナメント(下)などを添えて物語をつくります。

落ちない多肉タブローのつくり方

A 粘着成分によって植物を壁面などに植えつけられるものの、雨に濡れるとはがれやすいため、家庭用セメントを混ぜて仕上げます。
B 陶板に限らず木の板などでもOKですが、表面が滑らかなガラスやプラスチックは付着しにくいでしょう。
C あらかじめ挿し木や株分けなどした多肉植物の子株。

用意するもの

A:ネルソル(水で練って固まる土)、**B**:フランス瓦などの陶板、**C**:多肉植物の子株、家庭用セメント少量、クルミなどの殻や木の実、スプーンやナイフ

1 ネルソルに同量の水を加え、粘りが出るまでよく混ぜます。耳たぶくらいの弾力まで練ると付着しやすいです。
2 練ったネルソルを陶板などの上に半球状に盛ります。多肉植物の子株や挿し木の土を落として、ネルソルの中にバランスよく配置します。

3 ネルソル3:家庭用セメント2:水4の割合でよく混ぜたものを、植物のまわりを固めるようにナイフで載せていきます。
4 ネルソルを隠すように、クルミの殻や木の実を貼りつけます。ネルソルが乾くまで軒下などに水平に置きます。翌日から戸外で立てかけられます。

テラスや玄関先などに飾ると、視線をひきつける大型コンテナの寄せ植え。簡単にリメイクしていつもきれいな状態を保ちたいものです。

idea 40

簡単おしゃれに寄せ植えリメイク

大型のコンテナでつくる寄せ植えは
視線を集めるフォーカルポイントになります。
重いコンテナを動かさずに
年2回だけ植え替える簡単リメイク。
植えっぱなしのリーフプランツを生かして
季節の一年草を引き立てましょう。

5月から楽しんだペチュニア‘真輝’とアイビーなどとの寄せ植え(右)。8月半ばにペチュニアを抜いてリーフプランツは少し切り詰め、ジニア‘プロフュージョン’とコリウス‘ブラックマジック’などを5分で植え替え(上)。

[リーフプランツ＋一年草]

年2回の植え替えで大型コンテナを使いまわす

直径50cmの素焼き鉢は重いので、動かさずに年2回リメイク。斑入りツルニチニチソウやリシマキアなどのリーフプランツにパンジーをあわせ、秋〜春を華やかに（上）。夏はツルニチニチソウなどに加え、ヒューケラやサマーポインセチアで手間のかからないリーフの寄せ植え（左上）。秋にはまたパンジーに植え替えるサイクル（左下）。

[一年草と一年草扱いの草花だけで]

季節の彩りを期間限定の小型コンテナで添える

大型コンテナと異なり、一年草と一年草扱いの草花だけでつくる小型の寄せ植えは、花が終わればさっぱり片づくのも気持ちよいです。

[写真上]ビオラとスイートアリッサムをリース型バスケットに寄せ植え。

[写真左]パンジー‘虹色スミレ’とプリムラ‘ウインティー’。同品種の花色違いを同じ形のコンテナでおそろいに。

パッと目をひく寄せ植えをつくろう

長く楽しめる一年草で いつもきれいな寄せ植えを

テラスや玄関先のように土がない場所でも、季節の草花が元気に育つ寄せ植えがあると、目がひきつけられますね。庭の手入れが行き届いていなかったり、花の端境期でも、寄せ植えがフォーカルポイントになれば、ごまかしが効きます。

視線を集める寄せ植えは、大型コンテナが効果的。用土がたっぷり入ると植物が伸び伸び育ち、水やりの回数が少なくてよいので管理もラクです。ただ、大きな素焼き鉢は重いので、深さ1／3くらい発泡スチロールを入れて用土を少なくしても、持ち運ぶのは大変（10ページ参照）。

脇役のリーフプランツは植えたまま、主役になる一年草だけを植え替える簡単リメイクなら、その場でできます。パンジーやペチュニア、ジニアやコリウスのように長く楽しめる一年草を使えば、年2回のリメイクでいつもきれいな寄せ植えに！

丈夫なつる性リーフや 挿し木苗がリメイクに重宝

年2回のリメイクで使いまわす寄せ植えで、植えっぱなしのリーフプランツにはアイビーやツルニチニチソウなど、丈夫なつる性植物がおすすめです。主役になる一年草ともなじみやすく、主役とコンテナをつないで一体感を与えます。

一方、主役になる一年草はこぼれダネから発芽した幼苗や茎挿しで殖やした苗などが、狭いスペースに植え込みやすくて重宝します。

寄せ植えの仕立て直し

P85上の寄せ植え 夏→秋の仕立て直し

1 初夏の寄せ植えのヒューケラやハツユキカズラを残し、一年草のサマーポインセチアを抜きます。

2 残すリーフの根は少し切れても大丈夫。株姿を整え、培養土3に牛ふん堆肥1の割合で混ぜ入れます。

3 市販のパンジー2株を植えつけます。毎年育てるパンジーは年ごとに新色などで新鮮な印象に。

P84の寄せ植え 夏→秋の仕立て直し

1 タネから育てたジニア1株、挿し木で殖えたコリウス4株、こぼれダネから育ったサマーポインセチア3株というほぼタダの材料。

2 ペチュニアを抜き、アイビーなどのリーフは切り詰め。牛ふん堆肥か緩効性肥料を混ぜた培養土を足してコリウスを植えます。

3 中央に主役になるジニア'プロフュージョン'を植えつけます。たった1株がP84のようなボリュームになるのが素晴らしい！

4 サマーポインセチアも1株ずつ植えつけ。葉がバイオリン形になる前の幼苗なので、8月半ばの暑さの中でも無事に活着しました。

idea 41

コンテナ表土をカバーリング

コンテナは水やりによる泥ハネを防ぎ、冬は保温のためにバークチップを敷いています。飾りもかねたドングリ（丸写真）は防虫のため煮沸して、クルミの殻も使います。クルミの殻は敷石の際や芝生のすき間にも重宝です。

大型はローメンテナンス コンテナ選びもポイントに

あなたの庭に寄せ植えはいくつ飾ってあるでしょう。大きなものから小さなものまで数えれば、結構な数になるのでは。ただ、ここで紹介したように大型コンテナでもほんの2株の植え替えだったり、挿し木やこぼれダネから殖えた苗を生かせば、材料費はいくらもかかりません。

乾きにくい大型コンテナは水やりの回数も少ないので、これから年を重ねても続ける〝シニアガーデニング〟にぴったり。年2回の寄せ植えリメイクはローコスト&ローメンテナンスです。

リース型やおしゃれなバスケットなど、お気に入りのコンテナを選ぶなら、植えつける植物をよく吟味しましょう。そうすれば、一年草中心の小型の寄せ植えも季節感たっぷりに楽しめて、視線をひきつけます。

リース型バスケットの植えつけ

P85右下にあるリース型の寄せ植えは、専用のバスケットが園芸店やネットで買えます。

1 シートがセットされたバスケットに、牛ふん堆肥か緩効性肥料を混ぜた培養土を少し入れます。

2 苗の根が密集していたら、根鉢の土を半分ほど落として植えます。挿し木苗なら簡単です。

3 植え終わったら水で戻した水ごけで用土表面をカバーして、土がこぼれないようにします。

idea 42

ポリ袋や麻袋でバスケットの中敷きを

おなじみの家電量販店のレジ袋は耐久性があり、欧文のプリントもおしゃれ。取っ手部分を切り落とし、底に2カ所ほど水抜き穴をあけて利用します（下）。廃物利用のエコガーデニングです。

市販のバスケットにセットされたヤシ殻マットは、すぐに消耗してしまいます。麻袋や量販店の丈夫なポリ袋などで代用しませんか。バスケットからのぞいて見えても格好のよい模様や素材を選ぶのがポイントです。ヤシ殻マットより用土がたっぷり入って乾きにくい！

idea 43

秋は“意外に派手”な組み合わせ

急ぎ足で通り過ぎる秋の庭は寂しいだけと思いがちです。
でも、花々はぎゅっと凝縮されたようにあでやかな色！
実ものが熟し、青く高い空に紅葉も映えます。
意外なほど鮮やかで派手な組み合わせが楽しめます。

初夏からシェードガーデンを涼しげに彩ってきたサンパチェンスやユーフォルビア‘ダイアモンドフロスト’はまだ元気です。でも、いつの間にか主役はビタミンカラーのコリウス。

[写真上]こちらもシェードで7月から咲き続けている八重咲きニチニチソウ‘ソワレ’と紫のアンゲロニアが、花壇からあふれんばかり。
[写真右]ピンクに赤、黄色にオレンジという同系色の濃淡がかわいいコレオプシス。手前のコリウスといい感じの秋色です。

実ものの存在感を生かして

[写真上]キンモクセイの香る木道は、コリウス‘チュルオタ’や‘レッドヘッド’を背景にオモチャカボチャを飾って秋らしい景色に。

[写真左]真っ赤なコリウス‘レッドヘッド’にトウガラシは‘ブラックパール’ともう1種。足元を飾るオウゴンテイカカズラともども、秋の豊潤なイメージの寄せ植えです。

秋色のリーフプランツ

夏から便利に使ってきたコリウスは、さらに葉色が鮮やかになってボリュームも出ます。‘ジゼル’などをオベリスクに仕立てると魅力的。

秋ならでは……

[写真上]線形のグラスの雄大な穂が風に揺れる秋ならではの姿。わい性のパンパスグラスで実現します。
[写真下]日本の秋を代表するホトトギスとフジバカマの2ショット。

ちょっとひと手間
手仕事遊び❹

タネを使ったアレンジメント

室内へ取り込んだアエオニウム黒法師の鉢植えは、クレマチスの果球で表土をカバーすると暖かそう（右）。タネばかりを集めたアレンジメント（左）は、右下に紹介した以外にオルレアやギリア、オダマキやシレネなど10種類。

庭で育てている草花のタネはそれぞれ個性的で、見ているだけで楽しくなります。クレマチスの花後に出現する果球など、一輪挿しに挿しておくとフワフワモコモコしたドライになり、触れるとシアワセな気分に。とても捨てられないお宝のタネたちは、タネまきするだけでなく、鉢植えを飾ったりアレンジして遊びませんか。室内に飾ると、一気に秋らしい雰囲気を連れてきてくれます。

フレッシュでリース

草花のリースは乾燥させたドライ素材でつくるのが一般的ですが、もろくて壊れやすいのが難点。柔軟性のあるフレッシュなうちにつくると簡単できれい！

クレマチスの剪定をして、切り詰めたつるから果球を摘み取ります。

クレマチスのフレッシュな果球などを市販のリース台に差し込み、ワイヤなどで留めていきます。

翌日ドライになってふんわりした果球にヘアスプレーをあてて毛並みをセット。アクセントはガーデンチョコレート（ベルランディエラ）の花がら。

タネのいろいろ

花弁が散ってもルドベキア'チェリーブランデー'のタネは、黒々として印象的な存在。黄色の花のあとにタネはブルーに染まる、意外性のあるヒペリカム。魚料理に使うディルのタネは放射状に吊り下がって繊細な雰囲気です。名前のとおりシルバーブルーに輝くボールのトンガリの中にタネがあるルリタマアザミ。

idea 44 紅葉を冷凍して料理の飾りに

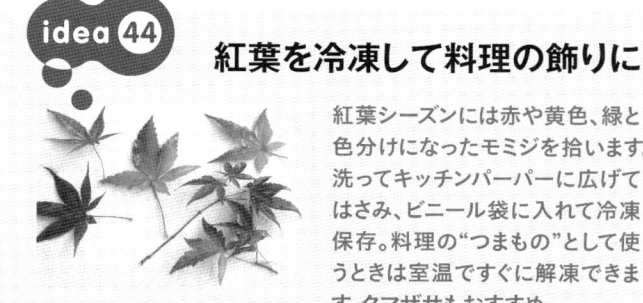

紅葉シーズンには赤や黄色、緑と色分けになったモミジを拾います。洗ってキッチンパーパーに広げてはさみ、ビニール袋に入れて冷凍保存。料理の"つまもの"として使うときは室温ですぐに解凍できます。クマザサもおすすめ。

5章 冬

春を夢見るプランとメンテナンス

寒さに弱い植物が霜の一撃で枯れる冬。室内でも楽しめるインテリアプランツに仕立て直して取り込みましょう。スペースは限られるため、寒さに強い植物を選ぶことも大事です。逆に病虫害の心配はないため冬野菜は育てやすい！ そして、来シーズンの花たちがより映えるように、使い勝手も考えて庭の改造を少しずつ進めます。暖かい室内で種苗カタログを眺めながらのプランニングも欠かせません。新しい植物との出合いが庭を豊かにして、ガーデニングの幅を広げてくれます。

葉裏の赤紫がきれいなムラサキオモトと、黄斑に縁取られたスウェディッシュアイビー'ゴールデン'。寒さに弱いもの同士を寄せ植えにして室内へ。

idea 45

寒がり植物を インテリアプランツに

秋遅くまで目を楽しませてくれる草花も霜が降りると枯れてしまうものがあります。耐寒性の弱い植物は冬越しのために室内へ取り込みますが、全部は無理です。株分けや茎挿しなどで仕立て直して室内を飾るインテリアプランツに変身します。

夏から長く楽しんだ寄せ植えも寒さに弱いものばかり。コリウスは茎挿しで、ムラサキオモトは株分け、サマーポインセチアはこぼれダネで来シーズンへつなぎます。

水挿し1週間で発根するスウェディッシュアイビーは、江原ビオラとのフラワーアレンジメントに。

12月に鉢植えで取り込んだスウェディッシュアイビーは、窓辺のみずみずしい観葉植物に。

室内で楽しむ飾り方

挿し木で育てたコリウスを、上部に枝葉を繁らせるスタンダード仕立てに（つくり方はP95参照）。リボンを結んで気分はクリスマス！

idea 46

気分を盛り上げるツリー仕立て

夏はトマトなどの野菜も育てるオベリスクで、秋からはリーフプランツを育てます。テグスでオベリスクに誘引しながら育てると、日ごろ見慣れたこんもりした草姿のイメージが一変！　大きなリボンなどをあしらうとクリスマスツリーみたいです。

［写真右］晩秋に見違えるほどきれいな葉色になるコリウス‘ジゼル’。寒さに弱いから早めにリボンを飾ってゴージャスな姿を満喫しましょう。
［写真左］寄せ植え素材などでおなじみのロータス‘ブリムストーン’は、寒くなっても明るい新芽を出しながら高さ60cmほどまで伸びて驚かされます。春にはピンクの花も開花。

耐寒性の弱い植物を冬の室内で楽しむ

耐寒性の弱い植物は仕立て直して室内に入れる

植物の寒さに対する強さを耐寒性といいます。東京などの首都圏で、地植えで冬越しできる植物は耐寒性多年草。霜よけをしたり軒下に入れれば越冬できるのは半耐寒性で、暖房のある室内や温室に取り込む必要があるのは非耐寒性多年草と呼ばれます。東京郊外の八王子にあるわが家のように、都心より寒い地域は耐寒性多年草でも注意が必要です。

八王子では12月初めに霜が降りると、耐寒性の弱い草花は一撃で枯れます（写真右下）。以前は冬ごとに多くの植物を鉢上げして、室内へ取り込んでいました。けれども、室内のスペースは限られるので、どれを残すかが大問題ですよね。来年も育てたいものを厳選したら、スペースをとらずに室内で楽しめるスタイルに仕立てなおしませんか。

ダンゴムシなどを追い出し コンパクトに室内を飾ろう

戸外で栽培していた鉢植えをそのまま室内へ持ち込むのは、衛生面も気になります。試しに戸外で育てていた鉢植えの用土をすべて落としてみると、ダンゴムシやナメクジが出てきませんか？　そこで、鉢植えを取り込むときには鉢全体をバケツの水に1〜2時間浸け、虫を追い出して室内へ入れないようにします。

また、来年も育てたい植物をそのままの株姿で冬越しする必要はないでしょう。株分けや挿し木をして株を更新すれば根詰まりなどが防げて、来年も生き生きと育てられます。株のボリュームを減らしても、翌年の生育期にはまた大きく生長します。冬の間は寄せ植えや挿し木でコンパクトに仕立て、スペースをとらずに見た目もきれいに飾って、寒さに弱い植物を維持します。

水挿しで発根する丈夫なムラサキオモトも、左写真のような元気な株が霜で枯れます。

株分け

1 5〜11月は地植えや、P92下の写真のように戸外の寄せ植えで楽しめるムラサキオモト。

2 株を水に1〜2時間浸けて根や土に潜んでいる虫を追い出し、室内に持ち込まない作戦です。

3 ひとかたまりになっている株を数本ずつの子株に分けます。太い根はハサミで切って。

4 コンパクトにした株を小さめの鉢に植えたり、P92上のような寄せ植えに仕立てます。

仕立て直し

小鉢に仕立てたスウェディッシュアイビーは窓辺でもよく育ちます。小さな葉の上で切り詰めて草姿を整え、切った茎は水に挿せば発根。

戸外で冬越しさせる保温手段を試してみよう

家の中のジャングル化を避けるためには、寒さに弱くても来年また育てたい植物を最小限に絞る一方、それ以外の植物を戸外で冬越しさせる方法もいろいろ考えます。

軒下などに入れれば冬越しできるという半耐寒性の多年草などには、家にある保温効果の高いものを使ってみました。まず発泡スチロールの箱に鉢植えを集め、梱包するときに利用する緩衝材のプチプチ（エアパッキン）を袋状にしてかぶせます。

これを軒下に置いて、八王子では多肉植物のアエオニウムなどが冬越しできました。最初はこわごわ様子を見ながらやってみたので、みなさんもそれぞれの環境で冬越しできる植物を探ってみてください。

アエオニウム黒法師などをトロ箱に入れ、エアパッキンで保温。鉢自体もエアパッキンで包むと保温性アップ。

コリウスの冬越しとクリスマス飾りをかねて

挿し木で殖やす栄養系のコリウスには、〝トピアリーにもおすすめ〟とか〝ツリー仕立てにもおすすめ〟というタイプがあります。これらの品種を挿し木した苗も、霜に当たれば枯れてしまいます。室内に持ち込むことを前提にスタンダード仕立てをつくってみませんか。

下の写真くらいの挿し木苗を使う場合は、8月下旬ごろ作業するのがおすすめです。晩秋まで生育を続けるので、茎先の大きな葉を摘んで下に控えている葉を生長させるのを繰り返しましょう。クリスマス近くにはずいぶんボリュームが出るはずです。11月初旬くらいまで戸外で育て、初霜が降りる前に室内に取り込みます。クリスマス用の飾りと冬越しをかねて、春まで室内で育てます。

コリウスのスタンダード仕立てのつくり方

1 同じ品種のコリウス2株を用意し、ポットごとバケツの水に1〜2時間浸けて、潜む虫を追い出します。

2 上部に葉を茂らせるスタンダード仕立てなので下部の葉を摘んで、根鉢をくずします。

3 2本の茎を株元で合体させ、テグスで結びます。根鉢の土もひとつにまとめます。

4 2本の茎をねじって1本にまとめ、下葉を取った部分にテグスをまいて固定させます。

5 清潔な用土で植えつけ、たっぷり水やり。生長していく上部の大きな葉を摘んで小さな葉を育て、ボリュームを出すように仕立てます。霜の降りる前に室内へ入れて水切れに注意。

霜の花は冬の朝の贈り物

春にはユニークな形の花を咲かせるシレネ・ユニフローラ‘シェルピンク’。夜間の放射冷却で葉の表面についた霜は幻想的な花のよう。

idea 47

寒さに強い植物を味方にしよう

強烈な霜が初めて降りた朝はドキドキしながら庭へ出ます。霜の一撃で枯れてしまうものと霜の花を咲かせるもの……地上部は枯れたように見えても、春には芽を出す多年草も。寒さに強い草花を覚えて手間のかからないガーデニングを！

グラウンドカバーとしても重宝するベロニカ‘オックスフォードブルー’は、寒さとともに紅葉します。上の写真のシレネと並べて、冬はシルバーとブロンズの名コンビです。

idea 48

コマツナのリサイクル根栽培

栄養価が高いから冬の食卓で大活躍するコマツナ。コンテナではみずみずしい葉色が、まるで観葉植物みたいです。でも、実は苗から育てたのではなくて、野菜売り場で買ったコマツナの切り落とした根を植えたリサイクル栽培。料理の彩りにちょっと添えるときに便利です。

捨ててしまえばゴミになるコマツナの根の再生能力は抜群です（詳細はP99）。

タネまきして約60日で収穫できるラディッシュ。芝生を切り取った奥行15cmのスペースで育ちます。周囲にはこぼれダネから発芽したネモフィラの幼苗。

みずみずしい冬の野菜やハーブ

［写真右］氷点下の庭でぐったりしたイタリアンパセリは昼に復活して、雪が積もっても青々した葉を摘んで利用できます。

［写真下］ミニチンゲンサイ‘シャオパオ’は手のひらサイズでかわいい。

春を待つ一年草の元気な芽

斑点のある葉が特徴のセリンセは秋に直まきします。霜が降りて、雪が2〜3回積もっても、防寒対策なしで大丈夫!

繊細な花の雰囲気に似合わないほど丈夫なオンファロディス。春に咲いた花のこぼれダネから発芽して、冬を乗り越えて咲きます。

耐寒性の強い植物で手間なく安心！

室内へ取り込む手間を省く寒さに強い植物を選ぶ

私の住む八王子の冬は都心より気温が3～4度低く、霜が降りてコンテナの中がガチガチに凍るほど冷え込みます。コンテナにしみ込んだ水分が凍って、コンテナがひび割れることも珍しくありません。

そのため、寒さに弱い植物は基本的に室内へ取り込まなくてはならないことを前項（92～95ページ）に紹介しました。けれども、時間の限られている庭仕事では、手間のかからない植物を選ぶことが第一条件です。霜が降りても雪が積もってもすくすく育ってくれる、寒さに強い植物を育てましょう。

96ページで紹介したシレネやベロニカのように、暑さ寒さに強い植えっぱなしの多年草をメインに、オンファロディスやセリンセなど、秋の直まきで防寒の必要がない一年草で庭に変化をつけてみませんか？　一年草ならほかにハナビシソウやヤグルマギク、ゴデチアやネモフィラ、オルレアなども防寒不要です。

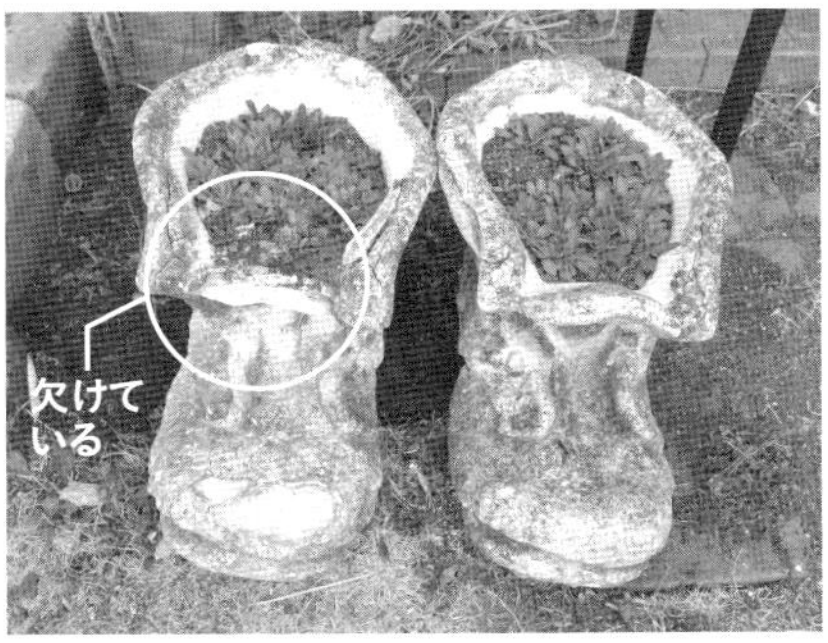

お気に入りのブーツ型コンテナは、凍害で左手前の縁が欠けています。下の写真のコンテナもコンクリート用ボンドで補修。

地上部が枯れる球根や日陰のコンテナにマルチング

多年草については、シレネやベロニカやイタリアンパセリのように冬もみずみずしい常緑のもの。ギボウシなどのように冬は地上部が枯れて、春にまた発芽する宿根タイプがあります。ダリアやカンナは球根ですが、掘り上げないで植えっぱなし。植えてある場所を見失って春に掘り返してしまうと困るので、防寒を兼ねて腐葉土をドーム状に盛り上げて株元を覆うマルチングをしたら、ネームプレートを立てておきます。

また、秋に植えつけたパンジーやビオラも耐寒性は折り紙つき。冬の日陰でも寒風に耐えて咲き続けます。さすがに日陰のコンテナは気の毒なので、腐葉土やバークチップで防寒のマルチングをしています。積雪よりは寒風で葉が傷むことがあるので、風がよけられる場所にコンテナを移動するのもよいでしょう。

マルチングで防寒対策

土をフカフカにして排水性や通気性を高める腐葉土は、コンテナや花壇の表土に敷くだけで保温効果があります。

腐葉土だけでも防寒対策になりますが、その上にバークチップを敷いて見た目もきれいに二重の防寒対策を施します。

3株植えたパンジーは、マルチングをしたあと三度の積雪を経ても元気に育ち、4月にこのようなボリュームになります。

冬も青々と元気な常緑樹植え替え時期は要注意！

　こうして見ると、寒さに強い植物は結構あると思いませんか？　寒さに弱い植物を室内へ取り込むより、寒さに強い植物を育てたいと年々思うようになっています。寒さに弱いかもと心配した植物が春に芽を出すと、とても嬉しいものです。

　一方、寒さに強いと思い込んでいた植物に、無理をさせて枯らしてしまう失敗もあります。冬に行なった庭の改造で、植え替えたローズマリーが枯れたときは胸が痛みました。落葉樹は冬に植え替えますが、常緑樹は暑さ寒さの厳しいときを避けるのがベター。冬も青々と元気に見えても、適切な植え替え時期を守らなければいけないと反省しきりです。

旺盛に育ち料理に大活躍のローズマリーは、移植自体も苦手だそう。自然に枯れるのは諦めがつくけれど、自分の都合で枯らすのは悔やまれます。

害虫の心配がなく短期間で冬野菜を育ててみよう

　夏はトマトなどの野菜を花と一緒に育てていますが、無農薬なので葉もの野菜は虫食いだらけになってしまいます。それが冬ならアオムシなどの被害もなく育てられるから、冬の野菜づくりもおすすめです。ラディッシュやカブやチンゲンサイなどは、タネから育てても2カ月ほどの短期間で収穫できる点も嬉しい！

　実は以前から、野菜として買ってきたコマツナやセリやミツバ、万能ネギなどの根を捨てられなくて、鉢や花壇のすき間に植え、再生栽培しています。これも夏より冬が上出来。収穫量は少しでも彩りとして使うなら十分です。冬枯れた庭先にみずみずしい野菜がある景色はいかがですか。庭から収穫した冬野菜で「何をつくろうかなぁ」と迷いながら料理するのも楽しいものです。

コマツナのリサイクル根栽培

野菜売り場でりっぱな根のついたコマツナを買い、根元から7cmくらい上を料理に使用。

水を張った容器に根を浸けて1日くらい水揚げします。1週間そのままにすると新葉が伸びだします。

庭の芝生を切って牛ふん堆肥と培養土を入れ、11月末に植えつけ。

バークチップでマルチングして1月中旬に収穫。

水揚げした根を培養土で植えつけ。見た目が寂しいので松葉で表土を飾り、暖房のない室内で1カ月後には一人前のコマツナに生長。

初夏、サンルームからミニトマトの生育を確認できて、庭と生活の場が近づいた気がします。

idea 49

寒い季節に 少しずつ庭の改造

冬、階段の奥行分を使って左右にレンガ積み花壇を設置（つくり方はP102を参照）。

和風の庭から草花を育てる洋風の庭に。
造園業者に一括施工してもらうのではなく
自分の使い勝手にあわせて少しずつ
手を加えていくのはどうでしょう。
花壇をつくったり、敷石から木道へ改造したら
同じ植物でも見栄えがぐっと変わります。

芝庭の隅に花壇をつくる

ローズマリーが大株になって、サンルームぎりぎりまで芝生が生えていました。

和風の敷石から洋風の木道に

[写真左の2点]和風の庭の名残りといえる敷石。冬は石のまわりに霜柱が立ってぬかるむので木道に改造（詳細はP103をご覧ください）。材木が入らない狭いスペースにはクルミの殻を敷いています。
[写真上]ここがP12などで紹介したベロニカ‘オックスフォードブルー’の咲く小道です。木道は植物とよくなじんで引き立てあいます。

殺風景なブロック塀前を改造

[写真上の2点]ガーデニングを始めると庭の背景も気になります。古いブロック塀をなんとかしたいと、お悩みの方も多いのでは…。塀の上からモルタルを塗って表面を平らにし、好みの色の壁土を塗装。壁土にはコテなどで模様を入れたり、装飾用レンガを張って仕上げます。壁の塗装はエクステリア工事として発注してもOK。
[写真左]改造した翌年、パンジー中心の春の花壇が明るい塀に映えます。

〝花の映える〟庭を目指して改造する

動かせない石を生かした腰高花壇は花のステージ

　わが家の庭は父から受け継いだ純和風の庭で、大きな石が置かれてツゲやサツキの植え込みがありました（写真before）。花を育てる庭に改造したいと、造園業者に相談しても、フェンスがあるので石を動かす重機が入らないと言われ、諦めかけていました。そんなときに知り合った女性のガーデンデザイナーさんが、「石を生かした庭づくりをしませんか？」と提案してくれたのです。

　動かせない石を残して、その間にレンガや丹波石を積み上げたレイズドベッド。腰高の花壇です。植えてあったツゲやサツキも角形に刈り込んで花壇の縁取りに生かしています（写真after）。ふつうの花壇に比べると、一段高くなったステージみたいで花が映え、かがまなくてよいから手入れもラクです。この花壇ができて、私のガーデニングは一気に熱を帯びました。

　ただ、庭で気になるところはいくつもあり、年月を経て必要度も変わります。プロ任せで一気に改造してしまうより、できれば自分で少しずつ改造したほうがイメージどおりの庭にできるのでは……。花壇の角がぴったりあわなくても気にしない！　植物を植えれば目立ちませんから。

[写真上]大きな石と刈り込まれたツゲが特徴的だった以前の和風の庭。
[写真下]プロの施工による石積みのレイズドベッド。小型のキットならネットで買えます。

花壇のつくり方

1 植えてある植物を掘ってシバを剥がし、根を取り除きます。土を深さ15cmほど掘って運びだします。

2 花壇の縁取りの石を地表より10cmほど埋めて並べます。石と石に水平器を渡して高さをそろえます。

3 シバの侵入や雑草を防ぐ防草シートを、用土の入る深さ分を見込んでカット。敷いてピンで留めます。

4 牛ふん堆肥を混ぜて粒状培養土を入れます。縁取りの石は置いてあるだけなので、つくりかえしやすい。

5 石を2段積めば深さ40cmになりますが、1段なので深さ20cmと浅めです。根張りの浅いミニトマトを6月から収穫。

庭の改造に役立つ水平器や防草シート

　庭の改造というと本格的な道具がいろいろ必要と思われるかもしれませんが、そんなことはありません。積んだレンガなどがデコボコしていないか確認する水平器と、シバや雑草の侵入を防ぐ防草シートくらいあればよいでしょう。どちらもホームセンターなどで買えます。

　防草シートは通水性がよく、花壇に敷いても水はけが悪くなることはありません。耐久性やサイズなどによってさまざまな種類があるので、目的にあうものを選びましょう。雑草を完全にシャットアウトできるわけではありませんが、根が深く張らないので草取りがラクになって助かります。花壇に限らず、小道などいろいろな場所に使えます。

ちょっとした改造で植物が映える背景や場所に

　ガーデニングを始めたころ、性質もよく分からずに植えた植物が思いのほか大きく育ち、困った経験がありませんか？　植え替えられそうなものは移植して、植物を生かせる庭を目指したいものです。植物同士の組み合わせはもちろん大事ですが、どんな場所や背景に植えるかで見栄えは大きく変わります。

　ブログで好評をいただいたベロニカ'オックスフォードブルー'の咲く小道は、和風の敷石を掘り上げることから生まれました。今は植物が生い茂って目立たなくなったブロック塀も、きれいに塗装したことで花壇の植物が映えたと思います。

　また、改造するときは前後や途中経過を撮影しておくと、今後の参考になります。私の写真も古いものは解像度が低く、小さくしかお見せできなくて残念ですが、どう変わったのか、参考にしていただけたら嬉しいです。

敷石を木道に改造

1 敷石をスコップで掘り上げます。木道を敷き込む深さを見込んで、平らに整地します。

2 防草シートを敷き込む面積にあわせてハサミなどで切り、敷き詰めて専用のピンで固定します。

3 ウッドデッキ用など、防腐処理された木材を別の場所に並べて、全体のイメージをつかみます。

4 防草シートの上に木材を並べて水平器で確認。砂や赤玉土などで高さを微調整して固定はしません。

5 木材の周辺を赤玉土などで埋め戻します。長めの角材などで押さえて、つまずかないよう平らにします。

ここがポイント！

6 木道の突き当たりに寄せ植えを配置。リスのオーナメントなどを飾って小道を歩く楽しさを盛り上げます。

idea 50

クルミの殻は万能カバー

花壇の際でシバの剥げた部分や、木道を敷くには狭いスペースなど、ちょっとした庭のほころびをカバーするのに、クルミの殻が便利です。小さめのバークチップより重みがあって風に飛ばず、見た目もかわいい！

ホームセンターやネットで購入できます。

天使像の噴水まわりは目立つ花壇。初夏〜秋はサンパチェンスやコリウスで華やかに、春〜初夏はオルレアやアマリリスでラブリーに。

idea 51

種苗カタログで庭のプランニング

冬は草花の世話に手間がかからないので
暖かい室内で庭のプランを立てましょう。
季節ごとになんの花を咲かせようか
去年とは違うどんな彩りにするか……
考えるときに種苗カタログが役立ちます。
新しい植物との出合いも楽しみです。

同じ場所の5月中旬、2年後の変化。
[写真左]直まきボーダー花壇をつくり、カラフルな花色が溢れます。
[写真下]右側にヒューケラを、左は草丈の高低でメリハリを(植物の詳細はP106参照)。

耐寒性の弱いアマリリスの中で、冬も植えっぱなしできる‘オレンジラスカル’。種苗カタログで出合った新品種が、今までなかった雰囲気を庭にもたらします。

6月と12月に発行される種苗会社の通販カタログ。店頭では出合えない新品種や幅広い植物が掲載されているので、付箋を貼って熟読！

左／タキイ種苗　TEL: 075-365-0140（通販係）
http://shop.takii.co.jp
右／サカタのタネ TEL: 045-945-8824（通信販売部）
http://sakata-netshop.com

初めて育てる花が
庭と暮らしの表情を豊かに

[写真左]庭でワタの花を咲かせられるのに驚き！
[写真右]収穫したワタでクリスマスツリーを飾れる思いがけない体験もできます。

idea 52　少しずつ咲いた花を室内にも飾って

庭に咲いたバラ‘ウーメロ’が雨で傷みはじめたので、思い切って切り花で室内に飾ります。ほかにも庭で調達した花や葉っぱのアレンジメント。専門家の「花茎の長いりっぱな切り花でなくてもアレンジはできる」というアドバイスで、育てた花を室内に飾る楽しさに開眼！　ガーデニングはプランもアフターも満喫したい。

[写真上]日常の器にバラ‘ウーメロ’を中心にクレマチスの果球などを入れたアレンジ。
[写真左]上の写真では見えていないクレマチス‘白万重’。ヒペリカムと紫のブローディアは少しずつ散らしてアクセントに。カラフルなヒューケラの葉や小さなクレマチス‘プリンセス・ダイアナ’の花も効果的です。

一年中楽しめる庭の植栽プランを立てよう

種苗カタログから得る植物情報を役立てる

真冬のコタツで初夏〜晩秋のコンテナや花壇を思い浮かべてニヤニヤすることを、コタツ園芸とか脳内ガーデニングと呼びます。手元には種苗会社から取り寄せた通販カタログがあって付箋だらけ。迷いに迷って注文します。

もちろんタネや苗は地元の園芸店やインターネットでも買います。ただ、園芸店ではその場にあるものがすべてなのに対して、カタログは幅広いラインアップを見渡せるのがメリットです。植物について次のような情報も知ることができます。

①花の名前　知らなかったり忘れてしまった植物名を知ることは、栽培の基本ですね。**②耐寒性**　92〜99ページに書いた寒さに対する強さは、植物を選ぶ大きなポイントです。**③一年草か多年草か**　価格にも反映しますが、多年草は長く育てる場所があるか考えなくてはなりません。**④日照条件**　自分の庭が日なたなのか日陰なのか、条件に適した植物を選びますが、ときどき掟破りが成功することもあります。**⑤草丈**　花壇の手前に背の高い植物を植えてしまわないように気をつけます。**⑥植えつけやタネまき時期**　自家採取したタネをいつまくか？　その参考にもなります。**⑦開花時期**　ほかの花との組み合わせを考えるのに重要です。

耐寒性や発芽適温、タネまき適期などのほか、おすすめ栽培環境などがマークで入るカタログ。

新しい植物との出合いが庭のイメージを豊かにする

園芸店で偶然出合う花もよいけれど、カタログで幅広い植物を見るこ

同じ花壇の植物バリエーション（P104参照）

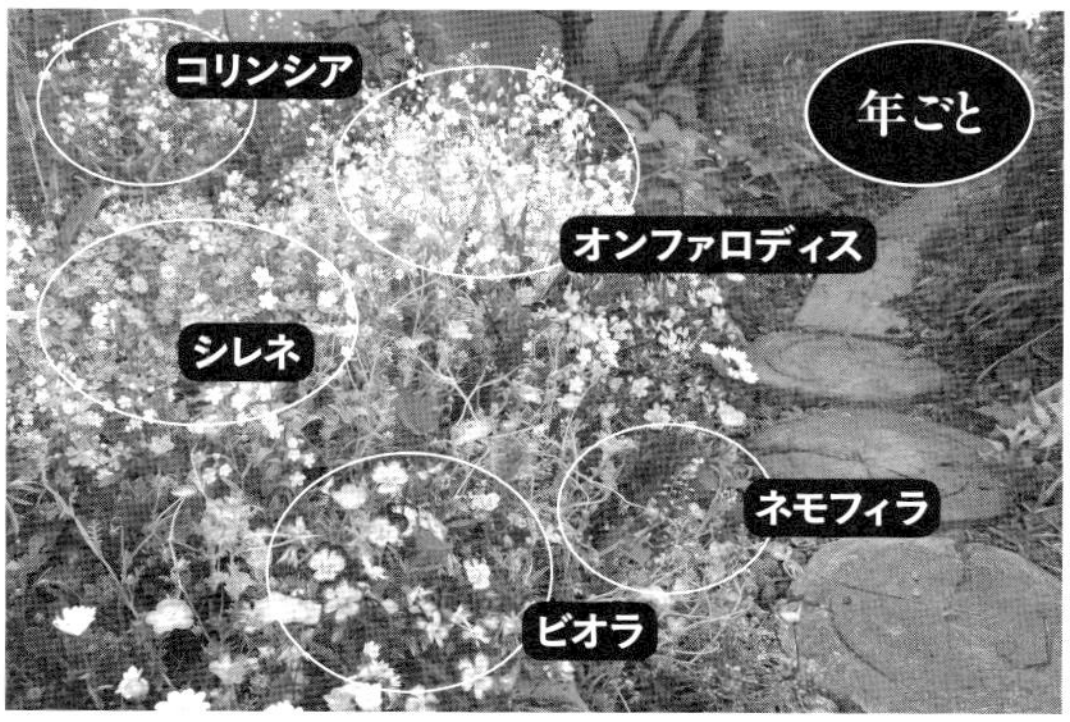

とは注文するためだけでなく、庭のプランを考えるうえでも役立ちます。草丈の似た花をみつけたり、同じ植物でも花色やタイプの違うものをみつければ、組み合わせの幅が広がりイメージ豊かな庭に！

カタログでは今まで育てたことのない植物に目が行きます。１０４ページの写真にあるサンパチェンスは、そうして庭にやってきて初夏〜晩秋に長く咲き、大株になってお得感を感じさせて、庭の常連になりました。耐寒性の強いアマリリスやワタなども、目からウロコの栽培経験が庭に新鮮味を与えるでしょう。

ガーデニングは自分の庭の環境をよく知って、条件にあった植物を育てられれば手間も少なく楽しめます。このマッチングに失敗すると、植物にも自分にも無理をさせることになるのでご用心。下表はわが家の庭で育てている植物を開花期ごとにまとめたものです。ほぼ植えっぱなしの多年草や球根にアクセントの一年草。この中から、あなたの庭でも元気に咲く花があれば嬉しいです。

年間コーディネートおすすめ植物

※太字：開花期が3カ月以上続く植物（開花期は東京郊外・八王子基準）

季節	多年草・球根・樹木	一年草
春 **3〜5月**	アジュガ、アスチルベ、イブキジャコウソウ イングリッシュブルーベル、エビネ、エリゲロン、オダマキ ギョリュウバイ、クレマチス、ゲウム、ゲラニウム、ジギタリス シャクヤク、宿根イベリス、ジューンベリー、シラー・ペルビアナ スイセン、スノーフレーク、スプリンググラジオラス、タイツリソウ チョウジソウ、銅葉ビオラ、バイモ、ハナニラ、バラ、ビデンス ヒメリュウキンカ、ヒヤシンス、ブルーベリー、プルモナリア ベロニカ'オックスフォードブルー'、ペンステモン、マルバストラム ミヤコワスレ、ムスカリ、ムラサキセンダイハギ、モッコウバラ ラナンキュラス、ラベンダー、ラミウム	アラビス'スプリングチャーム' アンチューサ、オルレア オンファロディス カトレアクローバー キンギョソウ、**スイートアリッサム** スイートピー、セリンセ ダールベルグデージー タマクルマバソウ、ネモフィラ ヒナソウ、**プリムラ'ウインティー'** ヤグルマギク、ロベリア ワスレナグサ
夏 **6〜8月**	アガパンサス、アジサイ'アナベル'、アマリリス、アヤメ アルストロメリア、エキナセア、**ガウラ**、**カラミンサ**、カンナ カンパニュラ'アルペンブルー'、**宿根キンギョソウ**、宿根サルビア **宿根バーベナ**、宿根フロックス、ストケシア、ダリア **チェリーセージ**、トケイソウ、バーベナ、パイナップルリリー フクシア'エンジェルス・イヤリング'、ホタルブクロ **ユーフォルビア'ダイアモンドフロスト'**、ユリ、**ランタナ** ルリタマアザミ、ルリマツリ	**アンゲロニア** **インパチエンス（サンパチェンス）** **ケイトウ**、ゴデチア、**コリウス** **サマーポインセチア**、**ジニア** スネイルフラワー、**トレニア** **ニチニチソウ**、**ペチュニア** **ペンタス**、**マリーゴールド** **ルドベキア**、ワタ
秋 **9〜11月**	カリガネソウ、クレマチスやバラ（返り咲き）、シュウメイギク センニンソウ、ニラ、ネリネ、ノコンギク、パンパスグラス 斑入りヤブラン、フジバカマ、ホトトギス、マム類 **ルドベキア'タカオ'**	クレオメ、コレオプシス **センニチコウ**、**トウガラシ**
冬 **12〜2月**	**ガーデンシクラメン**、**カルーナ**、**クリスマスローズ**、クロッカス スノードロップ、フクジュソウ、**プリムラ'アラカルト'**	アイスチューリップ **カレンジュラ'冬知らず'** **ハナカンザシ**、**パンジー**、**ビオラ**

idea 53

冬の〝寒さに負けない〟組み合わせ

北風が吹いても雪が積もっても咲き続ける
パンジーたちは冬の庭に欠かせません。
球根やクリスマスローズの花が
いち早く春の訪れを伝えるまで、
暖かい室内での多肉遊びも楽しいものです。

春の足音を感じさせる球根の花

真冬に開花するアイスチューリップは、春よりずっと長く咲くので育てがいがあります。八重咲きの‘オレンジプリンセス’は存在感たっぷり。

植えっぱなしのクロッカスがパッチリ花弁を開くと、春はもうすぐそこまで来ています。

秋から春まで楽しめる最強コンビ

春まで咲き続けるパンジーやビオラは冬の寒さにビクともしません。花茎の立ち上がるプリムラ‘アラカルト’と最強のコンビです。

寒くても華やぐ クリスマスローズ

寒さの中に華やぎを感じさせるクリスマスローズは、株元がさびしくないように一年草などを添えています。赤い花色のクリスマスローズには蕾の赤いハナカンザシを(上)。ピンクの八重咲きには似た花色のプリムラ'アラカルト'(下)。シックなブラック(濃紫)には同系色のカルーナを添えて引き立てあいます(左)。

春を待ちながら多肉植物遊び

多肉植物には多彩な種類があります。ついついコレクションしてしまうのですが、名前はとても覚えられないのでご容赦ください。
[写真上]セネシオやクラッスラを空き缶のリサイクルコンテナに。
[写真左上]子どもの靴にクラッスラやセネシオのグリーンネックレスなどを。
[写真左下]ミニ鉢に仕立てたエケベリアとグリーンネックレス。

作業

[植物名]の太数字はカタログページ。[作業]は関連するページも列記しています。

索引

長澤浄美（ながさわきよみ）

東京都八王子市で社会保険労務士事務所を営むかたわら、ガーデニングに取り組む。2006年4月からはじめた『キヨミのガーデニングブログ』http://ameblo.jp/nkiyo/ で、忙しくても楽しく続けられる庭づくりを紹介。小さなアイデアを積み重ね、ラクラクお得なガーデニングが好評を呼び、1000万アクセスを突破している。クラフトや陶芸、料理も趣味として2010年に料理本『長澤家のごはん』を刊行。

忙しくても続けられる
キヨミさんの 庭づくりの小さなアイデア

2014年2月28日　第1刷発行
2017年4月25日　第7刷発行

著者：　長澤浄美

発行所：　一般社団法人　農山漁村文化協会
〒107-8668　東京都港区赤坂7−6−1
TEL：03-3585-1141（代表）　03-3585-1147（編集）
FAX：03-3585-3668
振替：　00120-3-144478

編集：　光武俊子
デザイン：　安田真奈己
撮影：　長澤浄美、入江寿紀
イラスト：　藤川志朗
印刷・製本：（株）シナノ

ISBN978-4-540-13136-3
<検印廃止>

定価はカバーに表示
乱丁・落丁本はお取り替えいたします。